社会思潮怎么看

王燕文 | 主编

江苏人民出版社

图书在版编目（CIP）数据

社会思潮怎么看 / 王燕文主编. —— 南京：江苏人民出版社，2014.7

ISBN 978-7-214-13522-3

Ⅰ.①社… Ⅱ.①王… Ⅲ.①马克思主义 – 意识形态 – 理论研究 ②社会思潮 – 研究 – 中国 – 现代 Ⅳ.①A811.63 ②D092.7

中国版本图书馆CIP数据核字（2014）第169063号

书　　　名	社会思潮怎么看
主　　　编	王燕文
责 任 编 辑	戴亦梁
责 任 校 对	王　溪
版 式 设 计	许文菲
封 面 设 计	师　悦
出 版 发 行	凤凰出版传媒股份有限公司
	江苏人民出版社
出版社地址	南京市湖南路1号A楼，邮编：210009
出版社网址	http://www.jspph.com
	http://jspph.taobao.com
经　　　销	凤凰出版传媒股份有限公司
照　　　排	江苏凤凰制版有限公司
印　　　刷	江苏凤凰新华印务有限公司
开　　　本	718毫米×1000毫米　1/16
印　　　张	15.5
字　　　数	167千字
版　　　次	2015年1月第1版　2015年6月第3次印刷
标 准 书 号	ISBN 978-7-214-13522-3
定　　　价	48.00元

（江苏人民出版社图书凡印装错误可向承印厂调换）

◎ 编者的话

　　党的十八大以来，以习近平同志为总书记的党中央高度重视意识形态工作，强调"意识形态工作是党的一项极端重要的工作"，"能否做好意识形态工作，事关党的前途命运，事关国家长治久安，事关民族凝聚力和向心力"。当前，我国社会不同思想意识相互激荡，多元价值观念相互碰撞，如何看待"西方宪政民主"、"普世价值"、"公民社会"、"新自由主义"、"西方新闻观"、"历史虚无主义"、"否定改革开放的社会主义性质"等社会思潮，成为干部群众关切的理论热点和难点问题。

　　为加强对社会思潮的深入研究和辨析，江苏省委宣传部组织撰写了《社会思潮怎么看》一书，试图透过各种社会思潮的表象，把握其来龙去脉、基本内涵和本质特征，讲清楚该怎样观察、怎样辨析，该坚持什么、反对什么，该如何用自己的"脚"决定自己的"鞋"、走好自己的路等问题。本书坚持政治性、学术性和通俗性相统一，文风清新、说理透彻，图文并茂、可读性强，是广大干部群众、青年学生进行理论学习、提高思想水平的重要辅助材料。

2014年11月

✐ 如何看待"西方宪政民主"

✏️ 如何看待所谓"普世价值"

如何看待"公民社会"思潮

如何看待"新自由主义"

／ 如何看待"西方新闻观"

如何看待历史虚无主义

如何看待"对改革开放的质疑"

◎ 如何看待"西方宪政民主"

　　世界上不存在完全相同的政治制度，也不存在适用于一切国家的政治制度模式。"物之不齐，物之情也。"各国国情不同，每个国家的政治制度都是独特的，都是由这个国家的人民决定的，都是在这个国家历史传承、文化传统、经济社会发展的基础上长期发展、渐进改进、内生性演化的结果。中国特色社会主义政治制度之所以行得通、有生命力、有效率，就是因为它是从中国的社会土壤中生长起来的。中国特色社会主义政治制度过去和现在一直生长在中国的社会土壤之中，未来要继续茁壮成长，也必须深深扎根于中国的社会土壤。

　　——2014年9月5日，习近平总书记在庆祝全国人民代表大会成立60周年大会上的讲话

长期以来，西方一些发达国家以其话语强势，热衷于把自己的政治模式宣称为宪政民主的典范，并以这种政治模式的代言人、责任人自居，在世界范围内广为"推销"，试图把世界纳入他们既有的制度框架和发展轨道。受其影响，我国国内也有这样一种思潮，大力宣扬西方宪政民主的政治模式，企图把西方宪政民主搬到中国来，把实现中华民族伟大复兴的"中国梦"说成是"宪政梦"，鼓吹"宪政民主是唯一的出路"，"中国应跟上世界宪政潮流"，等等。这股社会思潮的实质，就是要通过宣扬西方宪政民主，否定中国共产党的领导，否定中国特色社会主义政治制度，否定中国特色社会主义政治发展道路。正确认识这股思潮，需要我们系统深入了解西方宪政民主形成发展的历史过程、制度要素和内在本质，理性分析和正确看待西方宪政民主，深刻把握中国特色社会主义民主政治与西方宪政民主的本质区别，科学论证中国特色社会主义政治发展道路的历史必然性，不断坚定中国特色社会主义的道路自信、理论自信和制度自信。

一、西方宪政民主：从思想到制度

"宪政民主"概念是舶来品，对其理论来源和具体内涵，历来看法不一。大多数学者认为，"宪政民主"一词具有深厚的西方政治文化背景，是近代西方资本主义政治法律制度的基本标志，是资产阶级的国家理念、政治模式和制度设计的根本体现，其基本内容包括三权分立、多党制、普选制、司法独立、军队国家化等。

1. 西方宪政民主的形成和发展

近代西方宪政民主的形成，经历了一个长期反复的历史过程。

它发端于古代希腊罗马奴隶社会的直接民主制，中世纪中晚期经济社会变迁是其社会条件，宗教改革、文艺复兴以来的思想解放浪潮是其思想文化土壤，资产阶级民主革命则是其直接动力和"助产士"。

17世纪，英国资产阶级革命建立起近代第一个资产阶级宪政民主制国家。英国资产阶级革命具有鲜明的改良性和渐进性，围绕君权与议会进行了长期反复的斗争。从1640年到1689年，英国资产阶级革命先后经历了议会抗议到国王挑起第一次内战、妥协失败，第二次内战、国王被处死，又经过了克伦威尔的独裁统治、查理二世复辟，最终通过《权利宣言》并转化为《权利法案》，确立了君主立宪制和议会至上的政治原则，此后不断通过立法限制王权，逐步建立和完善君主立宪的宪政民主制度。

1787年美国制宪会议

美国的资产阶级革命经历了争取殖民地独立的战争、13个殖民地制定邦联联合条例到建立联邦制国家的过程。从1776年第二次大陆会议通过《独立宣言》、1777年通过《邦联和永久联合条例》、制定各州宪法、1787年制定联邦宪法并得到各州批准，到1789年第一届国会成立和1789年4月30日华盛顿就任第一届总统，美国联邦制的资产阶级宪政民主国家制度正式确立。

法国宪政民主制度是典型的通过推翻旧的君主专制制度的暴力革命、不断制定新宪法的方式建立起来的。从1789年法国大革命颁布《人权宣言》，经历多次复辟与反复辟的斗争，到1875年第三共和国的建立，共和主义最终赢得胜利，前后经历了80多年。

20世纪以来，特别是第二次世界大战以来，西方资本主义国家的生产力迅猛发展，科技革命深刻改变了人们的生产生活方式，人们的思想观念发生了前所未有的变化，社会生产关系和上层建筑相应发生具有深远意义的变革。在此基础上，西方宪政民主制度也产生了许多新的因素和新的变化。比如说，公民的权利有了新发展，分权制衡机制出现新变化，政党政治呈现新格局，等等。

---★ 知识链接---

西方20世纪以来公民权利发展主要包括：建立了养老、医疗、教育、最低工资等保障制度，环境权、健康权、清洁空气权等被纳入宪法和法律，增加了公民的经济、民族、种族、性别等方面的社会生活基本权利，取消了过去有关财产、性别、居住时间、种族、文化程度等的限制，取消了一些限制公民言论自由的规定等。

2. 西方宪政民主的制度模式

（1）三权分立。以美国为例，美国宪法规定立法权、行政权和司法权分别由立法机关、行政机关、司法机关行使，"三权"相互独立并相互制衡。国会的立法要由总统批准才能生效；总统有权提名联邦最高法院法官，由国会批准才能上任；国会、总统提名的各部部长人选由国会批准，总统的财政预算由国会审批；国会和联邦最高法院有权弹劾总统，联邦最高法院有权对国会的立法和行政机关的行政行为进行违宪审查，以达到"三权"互相制衡。

美国三权分立示意图

（2）多党制。西方宪政民主国家主张名义上的主权在民，其实现的途径为代议制政府，即由不同政见、不同利益集团的人组成不同的政党，多党竞选、轮流执政。在实行两党制的国家，由两个大的政党选出自己的代表参加国会（议会）、总统（首相、总理）的竞选，在选举中获得多数选票的政党为执政党，占据议会的多数席位，其主要代表人物担任国家元首或者政府首脑；在选举中失败的政党为在野党。在实行多党制的国家，所有政党都有权参加议会席位的竞选，如果一个政党获得50%以上的席位即为执政党，其代表人物担任国家元首或者政府首脑；如果没有一个政党在议会选举中获得绝对优势，则根据多党获得的选票按比例分配议会席位，实行多党联合执政，得票最多的政党的代表人物担任国家元首或者政府首脑。

（3）普选制。普选制主要有两个方面的含义：一是国家机构的主要高级官员的产生普遍实行选举制。议会议员、国家元首、政府首脑或者国家其他部门的高级公职人员、地方行政首长基本都由选举产生。二是选民资格的普遍性，即所有公民都具有选举权和被选举权。西方的公民选举权逐步普及到所有公民。早期的法律对公民的选举权有诸多的限制，法国直到1944年才真正实现了选民资格的普及化。

★ 知识链接

法国1789年大革命通过的《人权宣言》宣布实行不受财产、种族、性别、教育程度限制的普选权。但仅仅在两年以后，1791年宪法就规定，将公民分为"积极公民"和"消极公民"，只有积极公民才有选举权和被选举权。而所谓积极公民具有几个条件：一是已缴纳相当于3个工作日价值的直接税，二是不处于被雇佣奴役地位，三是已经在其住所的市、乡政府的国民军花名册上登记等。这就将大量穷人和雇佣工人排斥在有选举权的范围之外，当时法国有居民2300万，但有选举权的"积极公民"只有430万人。

（4）司法独立。在西方国家，法院和法官依法独立行使审判权。以美国为例，为了防止立法机关和行政机关侵犯司法权的独立公正，美国宪法就明确规定法官终身任职，实行法官高薪制，从制度上保证了司法机关的独立性。此外，西方国家一般还赋予司法机关或独立的宪法法院对国会的立法行为及行政机关的行政行为进行违宪审查的权力。

（5）军队国家化。西方国家为了防止军队参与国内政治斗争，一般都实行军队"中立化、国家化"，即军队只具有国防和对外战争的职能，而不能参与国内党派斗争，不能听命于某一政党。为保证军队在国内政治斗争中保持中立，避免军人干政，一般规定军队的最高控制权由文职机关或文职官员掌握，即对军队实行"文职控制"。如美国，军队的最高统帅是美国总统。根据美国《国防改组法》规定，

※ **典型案例**

　　1801年，时任美国总统的亚当斯在其任期的最后一天午夜，突击任命了42位治安法官，但其中16人的任命状未能及时送出。新任总统杰弗逊为此非常恼火，命令其国务卿麦迪逊将这16份委任状予以扣押。马伯利为午夜任命的16名治安法官之一，他以要求国务卿颁发对他们的任命为由向美国联邦最高法院提起诉讼。审理该案的联邦最高法院首席大法官马歇尔，就是卸任总统亚当斯的国务卿，他运用高超的法律技巧和智慧，判决该案中所援引的《1789年司法条例》第13条因违宪而被宣布无效，从而解决了此案，并从此确立了美国最高法院有权解释宪法、审查国会立法和政府行为是否违宪的制度，对美国的政治制度产生了重大而深远的影响。

国防部长及其领导下的陆海空三军部长均由文官担任；由军职人员担任的各军种参谋长仅作为文职官员的军事顾问；参谋长联席会议在国防部长领导下工作；多党竞选，轮流执政，军队不得干涉，等等。

■ 二、西方宪政民主的全球扩张及其本质透视

　　西方霸权势力宣称他们的宪政民主政治模式是现代民主的范本，极力向世界其他国家推销其政治模式，凡是不按照他们的意愿照搬宪政模式的，就会被冠以"极权政治"、"不讲民主"、"不讲人权"等帽子，他们就要想尽办法颠覆这些政权。近年来，乌克兰、格鲁吉亚等国发生的"颜色革命"以及阿拉伯世界的伊拉克、突尼斯、也门、利比亚、埃及等国发生的"阿拉伯之春"就是典型事例。显然，西方民主宪政并非如他们所说的那般美好。多年来的国家政治实践表明，宪政民主的实质是通过干涉他国内政图谋其称霸世界的"国家利益"，西方宪政民主给接受国带来的不是福音而是灾难。

1. 民主并非都是好东西：西方宪政民主本质一瞥

西方宪政民主是西方资产阶级的政权形式，是实现和保障资产阶级利益的制度形式。尽管西方的政治家、法律家们将他们的宪政民主吹嘘为对全世界普遍适用的制度，不断用自由、平等、人权、公正等各种美好的价值词汇来掩盖其背后的阶级本质，并用这些抽象的政治价值将其包装起来以攻击其他国家的政治制度。但实际上，西方的宪政民主以私有制为基础，不论是采取君主立宪制还是议会制、总统制，都无法掩盖其为特定利益集团服务的根本属性。其具体表现为以下几点：

（1）所谓"多党制"，不过是资产阶级不同利益集团实现利益博弈的制度工具。资产阶级的政党是不同利益集团的政治组织形式，多党制的本质是不同利益集团通过代表其利益的政党参与竞选获得执政权，实现资产阶级内部不同利益集团的轮流执政。所谓多党或者两党竞选，从本质上来说，一方面是所有参加选举的议员或官员必须得到大利益集团的支持才能当选；另一方面是资产阶级不同利益集团实行轮流执政，从而保证议会民主的实际运转完全掌控在资产阶级的手里。这是因为每个政党都只不过是一个或者多个资本家利益集团的代表而已，如果没有大的资本家财团为政党和候选人提供大量的竞选资金的支持，任何一个候选人都无法承担昂贵的竞选资金；没有大财团的资金支持，任何政党和候选人都不可能在竞选中取得优势。因此，有人感叹，"充满恶意的两党之争几乎让政府瘫痪。这个国家的领袖已经脱离人民。"从这个意义来说，多党制或者两党制只不过是资产阶级不同利益集团进行利益博弈的工具，资产阶级大财团的竞选捐款就是对其所支持的政党及其候选人的政治风险投资，是对未来几年内可能的国家领导人的"公然行贿"；而政党及其候选人接受竞选捐款就是对捐款财团的"合法性受贿"，同时也是对捐款财团的未来巨大利益回报的政治许诺。因此，西方有人比喻说："金钱是民主的母乳。"

美国共和党、民主党就政府预算案争执不下。2011年4月8日，在美国国务院外，美外交官举着标语牌抗议联邦政府面临关门危机。（新华社发）

（2）所谓"普选制"，不过是一场政党操弄民意的金钱游戏。在西方宪政民主制中，政党是选举的组织，竞选是政党之间的执政权竞争。所谓普选制就是公民普遍参与选举，在两党或多个政党提供的候选人中选择支持一个政党提出的候选人，而不可能选择政党候选人以外的候选人。而政党总是由大财团来支持的，竞选经费来自大财团的政治献金。可见这里的逻辑是，政党操控选举，财团操控政党，进而大财团从根本上操控选举。通过政党对选举游戏的操控，资产阶级就从制度上保证了选民只能选择其某一个利益集团的代表，而根本不可能选择代表自己利益的代表来行使国家权力。2010年1月在美国发生了一件令所有有良知的人心惊胆寒的事。美国最高法院裁决，在选举中允许各个企业无限制地捐款助选。这意味着，美国法律赤裸裸地确认了有钱人可以合法地、明目张胆地去影响选举结果，从而也赤裸裸地承认美国总统和议会实际上成了出资人可以根据出资多少玩弄的股份公司。为此，有人对这种政党操控的金钱游戏感叹道：这种游戏太霸权、太隐秘了，看似每人手中都握有一张选票，却无法用它来改变这种现实。因此，马克思恩格斯指出，资产阶级议会民主就是容许被压迫者每隔几年决定一次究竟由压迫阶级中的什么人在议会里代表和镇压他们；我们在两党竞选那里看到的是两大帮政治投机家，他们轮流执掌政权，以最肮脏的手段用之于最肮脏的目的，而国民却无力对付这两大政客集团，这些人表面上是替国民服务，实际上却是对国民进行统治和掠夺。对美国民主为金钱所控制的现实，美国前劳工部长、加利福尼亚大学教授罗伯特·赖克在2007年9/10月美国《外交政策》上发表的《资本主义是怎样扼杀民主的》一文中写道："说得明白一点吧：民主的目的是实现我们以个人之力所无法实现的目标。但是，假如公司利用政治来加强或维护它们的竞争地位，或者貌似肩负起它们实际上没有能力或权力去履行的社会责任，那么民主就不可能完成这一任务。这样一来，社会就无法兼顾促进经济增长和消除社会难题这两者。"

（3）所谓"三权分立"，不过是为了实现特定集团的利益均衡而已。三权分立和权力制衡是西方政治家、法律家最津津乐道、到处炫耀的制度。他们宣称，三权分立是人民主权权威的体现。但实际上，三权分立制度从来就不存在真正意义的人民主权，其制度设计本身就直接否定了"人民主权"原则，违反了民主原则。议会立法权受到行政和司法的控制，使作为代议机构的议会难以充分表达民意，使人民主权受到行政官僚阶层意志的限制，非选举产生的法院更是通过法律的司法适用使资产阶级利益得到最终的保障。更重要的是，即使实行议会主权，由民选的议会行使立法权，两党制和多党制的政党政治也决定了所谓民选的议会也好、行政机关也好，都不过是政党背后所代表的统治阶级利益集团的代言人，代表了资产阶级内部大利益集团的根本利益。因此，三权分立、互相制衡制度与人民主权、人民群众参与国家管理毫不相干，其本质只不过是资产阶级不允许其内部的任何一个利益集团独掌全部国家权力，而资产阶级各大利益集团制度性分享国家权力，最符合资产阶级维护其阶级整体利益的需要。实际上，三权分立的要义，美国国父之一汉密尔顿在《联邦党人文集》中露骨地予以指明：要用一切手段防止多数穷人侵犯少数资产者的利益，要做到这一点，最好的办法并非封建专制的方式，而是"社会本身将分为如此之多的部分、利益集团和公民阶级"，"使全体中多数人的不合理联合即使不是办不到，也是极不可能"，要实现这一目的，"可用美利坚联邦共和国来作范例"。对于美国政府的金钱政治，20世纪50年代初美国总统艾森豪威尔也提醒大家警惕"军火—工业集团"的贪婪。令人遗憾的是，半个多世纪过去了，美国不但没有解决军火商控制国会的问题，大资本家手里又多了一件武器，那就是金融欺诈。美国议会在1999年废除了1933年通过的《格拉斯—斯蒂格尔法案》，该法案规定了一般商业银行不得从事投资银行的投机生意。如果那个法案没有被废除，布热

◇ **延伸阅读**

随着美国霸权地位的衰弱，西方学者也开始对三权分立制度进行反思。2012年4月22日《纽约时报》刊登了一篇介绍曾因提出"历史终结论"而受到嘲讽的弗朗西斯·福山教授的文章，文中指出福山也对他曾认为至善至美、只等普世的民主政体提出了质疑，"他的研究引导他针对美国当今的政治秩序提出了一个非常激进的问题，即美国是否已从一个民主政体变成了一个'否决政体'——从一种旨在防止当政者集中过多权力的制度，变成了一个谁都无法集中足够权力从而做出重要决定的制度？"福山说："现在存在权威危机，而我们却没有准备好思考这方面的问题。"

津斯基所说的"失控和可能仅为少数人自私地谋取好处的金融体系"就难以建立，2007年的次贷危机也许不会发生，或不会那么严重。遗憾的是，华尔街太强大了，他们可以操纵议会，让符合自己利益的新法案通过，真是"窃钩者诛，窃国者侯"！

（4）所谓"司法独立"和"军队国家化"，不过是用表面的独立掩盖其司法和军队为特定利益集团服务的本质。首先，西方国家所有法官的推选任命必须得到大利益集团的支持，实际上都是为大利益集团服务的。如美国联邦最高法院法官必须由总统提名，经过参议院的批准。其次，那些自愿报名担任无报酬兼职法官的，全部是资产者本人，他们为利益集团服务是不言自明的。再次，司法判例的形成过程就是不同利益集团之间相互斗争、相互妥协的过程，充满着政党之间的政治斗争。如在2000年戈尔诉布什总统选举案中，美国最高法院以5:4裁定不再重新计算选票，明显反映了联邦最高法院内部政党之间的力量对比关系。正如马克思所说的那样："法官已失去其表面的独立性，这种独立性只是他们用来掩盖自己向历届政府卑鄙谄媚的假面具，而他们对于这些政府是依次宣誓尽忠，然后又依次背叛的。"而所谓军队国家化、中立化，只不过是

2008年3月19日，反战人士在美国首都华盛顿举行反战示威活动。他们包围国内税收署大楼，以抗议在战争中大发不义之财的军火商和能源企业。

军队在资产阶级政党的斗争中保持中立，实际上西方国家的军队从来都是为资产阶级对外攫取海外利益服务的，是大的军火制造商实现其利益的工具。

2. 西方"宪政民主"模式的输出及其后果

　　西方宪政民主发展到今天，弊端重重、问题成堆。但他们的政治家却自我欣赏，宣称他们的制度如何之好。更有甚者，他们还以上帝"选民"的身份自居，担负起所谓拯救世界的"道义上的重任"，满腔热忱地向世界推销其政治模式，到处搞"民主变革"外交，公然干涉别国内政，甚至不惜动用武力。这一切，必须引起我们的深思和警觉。

　　（1）西方宪政民主制度输出的实质是西方殖民主义的当代翻版。近代西方文明向世界的传播过程，是以枪炮开路的商品和资本的输出过程。西方殖民主义所引发的两次世界大战，使人类社会遭受了空前浩劫。而今，当年的殖民主义辉煌不再，那些曾经的侵略者掌控的殖民时代已经终结，他们再也不能随心所欲地控制和支配这个世界了，所以就变换了花样。他们用什么来控制世界呢？他们不得不变化形式，试图通过向世界推销他们自认为对其他国家还有优势的价值观和制度来影响与控制世界。因而，他们时而告诉世界，我们的文明是最好的，我们的制度是最优的，你们应该向我们学习，照搬我们的文明、我们的制度模式，这对你们有好处；时而强调必须照搬他们的宪政民主制度进行制度改造，否则就是专制暴政、就是侵犯人权，进而干涉别国内政，颠覆他国政权。这就是他们宣称的"自由、平等、民主、人权、宪政"的基本逻辑。当然，也正是这样的逻辑暴露了其只不过是传统殖民主义新花样的本质，暴露了其试图通过宪政民主的制度输出进行霸权势力世界扩张的实质。对此他们甚至毫不掩饰，细读2013年《美国国家安全战略报告》以及近几年来美国领导人的重要演讲，可以发现其中都贯穿这样一个"美国逻辑"：只有把别国都变得"民主"了，我们美国才真正"安全"了。报告说："美国的政策是在每一个国家和文化中寻求并支持民主运动和民主制度，最终目标是结束世界上的专制统治。""由于自由国家向往和平，自由的进步将使美国更为安全。"

（2）西方霸权主义充分利用宪政民主这一工具扩充势力范围。打着"自由、平等、民主、人权"的旗号，充分利用向别国输出宪政民主政治制度模式来干涉别国内政，颠覆和控制别国政权，是美国为首的西方国家扩充势力范围、实现霸权利益的长远战略和惯用伎俩。2006年，美国政府批准动用17亿美元来支持旨在"寻求政治变革"的人和组织，为此还新设了专门的办公机构。从东欧剧变、苏联解体，到"颜色革命"、"阿拉伯之春"，再到泰国和乌克兰乱局，到处都有美国等西方势力插手。美国《外交政策》杂志2003

年11/12月号发表的华盛顿和平与自由中心主任迪米特里·西梅斯的文章指出：

> 苏联的分崩离析，消除了美国的国际行为受到的最主要的外在约束。在这种环境下，出现了一种新的乌托邦理想，即认为美国既有资格也有义务，在它认为适当的地方促进民主——必要时不惜运用武力。他们显然认为，只有发动一场世界范围内的持久革命才能满足美国的胃口。

于是，他们在世界各地到处制造混乱，以"维护人权、实行民主、反对专制"为利器，以培养留学生、资助反政府社会组织和支持所谓"自由民主人士"、煽动街头政治为手段，大力对他国进行意识形态渗透，企图将他国价值观搞乱，在这些国家培植其代言人，组织社会行动，制造社会动乱。一旦街头政治形成，反政府武装出现，社会长期动荡，他们就会站出来以各种借口对这些国家的政府及其领导人横加指责、直接干涉，公开支持街头政治和反政府武装，提供武器弹药，甚至直接对他国开战推翻现政权，由他们的代理人组成新的政权，将这些地区和国家纳入美国势力范围的版图。

（3）照搬西方宪政民主政治模式给输入国带来了深重灾难。冷战结束以后，那些照搬了西方政治制度模式的国家并没有实现稳定发展、国家富强和人民幸福。其结果是导致这些国家建设进程中断、经济大幅度倒退，社会分裂、秩序动荡、流血事件不断，造成大规模人道主义灾难，这些国家的人民陷入痛苦之中。然而，这一切都不是西方霸权势力所关心的，他们关心的只是他们的势力范围扩展了，国家利益最大化了，美国等西方国家"更安全"了。在伊拉克，萨达姆政权已经被推翻了十多年，美军也已经撤走，按照美国的意愿建立了一个宪政民主的制度形式，但经济大幅度衰退，政局动荡，教派之间的内部纷争、社会的分裂与经常发生的恐怖爆炸，给老百姓带来了无尽的苦难，而美国所许诺的民主则遥遥无期。美国国家安全委员会前顾问爱德华·勒特韦克曾对记者说："布什的政治方案是要把伊拉克变成一个民主国家，这个目标从一开始就是无法实现的。这是一项不可能完成的使命，所以，向伊拉克增兵也无济于事。"在阿富汗，连形式上的西方宪政民主都没能够实现，民不聊生，内部纷争不断，爆炸事件频仍，造成大量平民伤亡，人民群众长期处于恐怖之中。在利比亚，卡扎菲政权被推翻以后，人民的自由民主、国家政权的稳定和国内秩序的安宁并未实现，现实却是宗族之间的仇恨、国家政权的不稳、人民生活的困苦、社会秩序的混乱和对人权的肆意践踏。在乌克兰，在美国为首的西方国家的操纵下，2003年发生"橙色革命"，接受西方的政治民主和市场化改革方案，并作为西方国家围堵俄罗斯的前哨阵地，尽管一时换取了美国等西方国家的资金支持，但同时实行"去工业化"，成为西方经济体系的边缘性国家，通过"民主化"制造了"弱政府"。

乌克兰局势
何去何从？

2014年亚努科维奇政府倒台，新政府将"向西看"作为优先政策目标，使乌克兰进一步成为西方势力的附庸。对比"橙色革命"前后，"橙色革命"前的乌克兰经济以5%的速度增长，而"革命"后的2009年经济萎缩了15%，国家债务缠身，甚至面临破产，导致今天的乌克兰政坛乱象纷呈，国家分裂，陷入内战。

综观西方输出宪政民主政治模式的灾难性后果和照搬西方政治模式国家的现实，发生"颜色革命"和简单照搬西方宪政民主政治制度模式的国家，无不付出了惨重代价，无不陷入无尽的难堪、纠结和尴尬境地，无不给这些国家的人民带来了深重灾难。

三、何谓社会主义民主

长期以来，西方一些国家一直将中国作为重点渗透、颠覆、遏制的对象，不断对中国特色社会主义制度"指手画脚"，试图要中国照搬西方的宪政民主制度模式。先不说西方政治制度模式本身怎么样，即便它在西方国家是适用的，在其他国家也不一定适用。"橘生淮南则为橘，生于淮北则为枳"。事实上，世界上没有放之四海而皆准的发展模式，也没有一成不变的发展道路。中国共产党取得成功的一条最宝贵的经验，就是坚持独立自主，坚持中国的事情由中国自己作主张、自己来处理。60多年的实践证明，中国特色社会主义民主制度是最适合我国国情的政治制度，是中国共产党和中国人民的正确选择。

1. 崭新的制度体系

中国特色社会主义民主是在同资产阶级的宪政民主斗争的过程中，通过社会主义革命推翻资产阶级宪政民主而建立和发展起来的，是比资产阶级宪政民主更高形态的人民民主。它一方面借鉴和吸收了资产阶级宪政民主在反封建的过程中所取得的进步的政治和法治文明成果，另一方面实现了对资产阶级宪政的整体超越，创造了更加符合人民当家作主要求的根本政治制度和基本政治制度。我国的制度体系不仅把根本政治制度、基本政治制度同基本经济制度以及各方面体制机制有机结合起来，把国家层面的民主制度同基层民主制度有机结合起来，还把党的领导、人民当家作主、依法治国三者有机统一起来，形成了社会主义人民民主的制度体系。

（1）人民代表大会制度。人民代表大会制度是我国的根本政治制度，实行民主选举，真正实现了"人民主权"原则。各级人大代表的选举由国家财政保障，最广大人民群众依法平等行使选举权和被选举权；人民代表大会中没有议会党团，不按照党派分配席位，各政党都肩负着人民的重托，在共产党的领导下依法履行参政议政的职责，作出国家重大立法和决定，为人民服务。全国人民代表大会是国家最高权力机关，行使国家立法权，统一行使国家最高权力。地方各级人民代表大会是地方各级权力机关，统一行使各级地方国家权力。在我国，"一府两院"由人大产生，对人大负责，受

(((原声再现

在中国，发展社会主义民主政治，保证人民当家作主，保证国家政治生活既充满活力又安定有序，关键是要坚持党的领导、人民当家作主、依法治国有机统一。人民代表大会制度是坚持党的领导、人民当家作主、依法治国有机统一的根本制度安排。

——2014年9月5日，习近平总书记在庆祝全国人民代表大会成立60周年大会上的讲话

人大监督，向人大报告工作，实行"议行合一"。人民代表大会制度是体现我国人民民主的最好形式，它集中反映人民的意志，体现了人民权力至上的原则，保证人民行使管理国家的权利，依法保障公民的人权和其他合法权益。

2013年3月3日，中国人民政治协商会议第十二届全国委员会第一次会议于北京召开。

（2）党的领导与多党合作和政治协商制度。中国共产党领导的多党合作和政治协商制度是我国的基本政治制度。与西方政党是某个利益集团的组织根本不同的是，中国共产党是中国工人阶级和全国各族人民的先锋队组织，代表最广大人民的根本利益，其宗旨是全心全意为人民服务。中国共产党与各民主党派在我国革命和建设过程中形成了"长期共存、互相监督、肝胆相照、荣辱与共"的亲密友党关系，形成了有中国特色社会主义的新型政党关系。这种执政党与参政党的关系，与西方资本主义国家执政党与反对党、在朝党与在野党互相倾轧、互相斗争的关系根本不同，各民主党派接受中国共产党领导，同中国共产党通力合作，共同致力于社会主义事业，是参政党。中国人民政治协商会议是有广泛代表性的统一战线组织，它围绕团结和民主两大主题，充分发挥政治协商、民主监督、参政议政职能，发展社会主义协商民主，使人民内部各方面在重大决策之前进行充分协商，尽可能就共同性问题取得一致意见，与人民代表大会的选举民主一起构成我国社会主义民主的两种重要形式。

（3）党对司法的领导与司法机关依法独立公正行使司法权的统一。中国共产党的领导和人民代表大会制度决定了我国的司法不会也决不可能实行像西方宪政民主的所谓"司法独立"。全国人民代表大会及其常委会负责监督宪法的实施，司法机关由人民代表大会产生，依法独立公正行使司法权，受人民代表大会的监督和罢免，不受行政机关、社会团体和公民个人的干涉。同时，在政治上、思想上和组织上，司法机关要接受中国共产党的领导。党对司法工作的领导主要体现在把握政治方向，协调各方职能，统筹司法工作，建设司法队伍，督促依法办事，创造司法环境，支持司法机关依法独立公正行使司法权，保障宪法法律统一正确实施，促进社会公平正义，着力提高司法公信力。

（4）党对军队的绝对领导。中国人民解放军是由中国共产党缔造、由中国共产党领导、受中国共产党指挥的人民军队，是人民民主制度的坚强柱石和有力保障，是人民民

听党指挥
能打胜仗
作风优良

主国家的武装力量。其职能是对内维护国家安全稳定和谐，对外维护国家主权、领土完整和各方面国家利益。与西方宪政民主国家所谓军队"中立化、国家化"不同，中国人民解放军具有强烈的党性原则，是党的军队和国家军队的有机统一，绝对听从党的领导和指挥，对党和人民绝对忠诚。建设一支听党指挥、能打胜仗、作风优良的人民军队，是党和国家在新形势下的强军目标。其中，听党指

（《《 背景提示

历届国家领导人对军队的重要题词

坚定正确的政治方向，艰苦朴素的工作作风，灵活机动的战略战术。

——毛泽东

为把我军建设成为一支强大的现代化正规化革命军队而奋斗。

——邓小平

政治合格　军事过硬　作风优良　纪律严明　保障有力

——江泽民

忠诚于党　热爱人民　报效国家　献身使命　崇尚荣誉

——胡锦涛

努力建设一支听党指挥、能打胜仗、作风优良的人民军队。

——习近平

挥是灵魂，决定军队建设的政治方向；能打胜仗是核心，反映军队的根本职能和军队建设的根本指向；作风优良是保证，关系军队的性质、宗旨、本色。只有全面准确把握这一目标，坚持用这一目标统领军队建设、改革和军事斗争准备，才能把国防和军队建设提高到一个新水平。

2. 三个方面的本质特征

中国特色社会主义民主制度的本质是人民当家作主，是建立在社会主义公有制基础之上的绝大多数人的民主，是人类历史上新的最广泛和最高类型的民主。在社会主义民主制度下，人民是主人，国家的一切权力属于人民。中国特色社会主义民主具有以下三个方面的本质特征：

第一，社会主义民主就是人民民主专政的政治制度，是对人民民主和对敌人专政的辩证统一。社会主义民主包含两个方面的内容：一方面，在人民内部实行民主，人民群众当家作主，依法享有管理国家和参政议政的民主权利，享有广泛的自由；另一方面，对敌人实行专政，依法惩处境内外企图破坏和颠覆国家人民民主政权、侵害国家主权和领土完整、损害人民群众利益和国家利益的违法犯罪行为，以切实维护宪法和法律尊严，依法保障公民的合法权益，维护社会安全稳定的秩序。对人民实行民主和对敌人实行专政两者对立统一、相辅相成，没有人民民主就不能有效地对敌人实行专政，对敌人的专政又是人民民主的保障。社会主义民主是民主和集中的辩证统一，人民既享有广泛的民主和自由权利，同时又受到社会主义的法律、纪律和道德的约束；社会主义民主是一个逐步完善的过程，需要不断扩展人民群众在政治生活、经济生活、文化生活与社会生活等各方面的民主权利和自由；社会主义民主制度建设与社会主义的物质文明和精神文明建设紧密联系，社会主义物质文明和精神文明建设依靠社会主义民主提供制度保证和支持，社会主义民主由社会主义物质文明建设和精神文明建设提供物质条件和思想观念基础。

★ 知识链接

《中华人民共和国宪法》

第一条　中华人民共和国是工人阶级领导的、以工农联盟为基础的人民民主专政的社会主义国家。

社会主义制度是中华人民共和国的根本制度。禁止任何组织或者个人破坏社会主义制度。

第二条　中华人民共和国的一切权力属于人民。

人民行使国家权力的机关是全国人民代表大会和地方各级人民代表大会。

人民依照法律规定，通过各种途径和形式，管理国家事务，管理经济和文化事业，管理社会事务。

第二，社会主义民主是选举民主与协商民主的有机统一。所谓社会主义选举民主，是指公民依法通过选举、投票行使民主权利，组建社会主义国家政权体系和国家机构，形成人民代表大会制度；所谓社会主义协商民主，是我国社会主义民主政治的特有形式和独特优势，是党的群众路线在政治领域的重要体现。在党的领导下，以经济社会发展重大问题和涉及群众切身利益的实际问题为内容，在全社会开展广泛协商，坚持协商于决策之前和决策实施之中，尽可能就共同性问题取得一致意见。加强社会主义民主制度建设，就是要坚持人民主体地位，既要大力推进以人民代表大会制度为核心的中国特色社会主义根本政治制度理论和实践创新，充分发挥人民代表大会根本政治制度的作用；又要大力推进协商民主广泛多层制度化发展，充分发挥统一战线在协商民主中的重要作用，发

行使民主权利，参加人大选举

挥人民政协作为协商民主重要渠道的作用，构建程序合理、环节完整的协商民主体系，拓宽国家政权机关、政协组织、党派团体、基层组织、社会组织的协商渠道，深入开展立法协商、行政协商、民主协商、参政协商、社会协商，发挥统一战线在协商民主中的重要作用，发挥人民政协作为协商民主的重要渠道的作用，着力构建和谐政党关系、民族关系、宗教关系、阶层关系、海内外同胞关系。

第三，社会主义民主是坚持党的领导、人民当家作主和依法治国的有机统一。社会主义民主与社会主义法治相互联系、彼此依赖、有机统一。建设社会主义民主必须加强社会主义法治建设，建设社会主义法治国家。所谓依法治国，就是广大人民群众在党的领导下，依照宪法和法律规定，通过各种途径和形式管理国家事务，管理经济社会文化事业，管理社会事务，保证国家各项工作都依法进行，逐步实现社会主义民主的制度化、法律化，使这种制度和法律不因领导人的改变而改变，不因领导人看法和注意力的改变而改

变。因此，加强社会主义民主，建设社会主义法治国家，首先必须要加强和改进党的领导。中国共产党领导是中国特色社会主义民主最本质的特征，党的领导是人民当家作主和依法治国的根本保证。依法治国、依宪执政不是要否定和放弃党的领导，而是要强调党领导人民制定宪法和法律，党领导人民执行宪法和法律，党自身必须在宪法和法律范围内活动。其次，必须保证和发展人民当家作主，维护人民群众的根本利益。人民当家作主是社会主义民主法治的内在本质和根本要求，公民的权利与义务是宪法和法律的核心内容，宪法和法律是每个公民享有权利、履行义务的基本保证。只有保证公民在法律面前一律平等，尊重和保障人权，保证人民依法享有广泛的权利和自由，宪法和法律才能深入人心，走入人民群众，宪法和法律的实施才能真正成为全体人民的自觉行动。因此，必须依法保障全体公民享有广泛的权利，保障公民的人身权、财产权、基本政治权利等各项权利不受侵犯，保证公民的经济、文化、社会等各方面权利得到落实，努力维护最广大人民的根本利益，保障人民群众对美好生活的向往和追求。再次，必须坚持依法治国、依法执政、依法行政共同推

—— 背景提示 ——

必须继续积极稳妥推进政治体制改革，发展更加广泛、更加充分、更加健全的人民民主。必须坚持党的领导、人民当家作主、依法治国有机统一，以保证人民当家作主为根本，以增强党和国家活力、调动人民积极性为目标，扩大社会主义民主，加快建设社会主义法治国家，发展社会主义政治文明。要更加注重改进党的领导方式和执政方式，保证党领导人民有效治理国家；更加注重健全民主制度、丰富民主形式，保证人民依法实行民主选举、民主决策、民主管理、民主监督；更加注重发挥法治在国家治理和社会管理中的重要作用，维护国家法制统一、尊严、权威，保证人民依法享有广泛权利和自由。

——党的十八大报告

进，法治国家、法治政府、法治社会一体建设。"天下之事，不难于立法，而难于法之必行"。有法不依，或者实施不力，依法治国就成了一句空话。在我国，宪法和法律是党和人民共同意志的体现，依法治国、建设社会主义法治国家必须维护宪法和法律的权威，保证宪法和法律的实施。维护宪法和法律的权威，就是维护党和人民共同意志的权威；捍卫宪法和法律的尊严，就是捍卫党和人民共同意志的尊严；保证宪法实施，就是保证人民根本利益的实现。

■ 四、"照抄照搬别国模式，从来不能得到成功"

最近一段时期以来，国内外一些人大肆炒作所谓"宪政"问题，把我国人民民主制度打入另类，宣称中国"有宪法、无宪政"；有人表示，只要不放弃中国共产党领导，就不承认中国是法治国家，就认为中国还没有真正的宪法，他们打着所谓的"民主"牌、"宪政"牌，实质是要实现他们"西化"、"分化"中国的政治图谋。对此，我们必须有清醒的认识，保持高度警惕，不仅要防止落入"中等收入陷阱"，还要防止落入"西化分化陷阱"。

1. 认清两种民主的本质区别

当前，我们必须坚持马克思主义的立场、观点和方法，科学分析西方宪政民主的本质，深刻把握西方宪政民主与中国特色社会主义民主的本质区别，高度警惕西方宪政民主思潮对我国的渗透破坏。

首先，坚持阶级分析方法。多年来，由于阶级斗争在我国已经不再是社会的主要矛盾，有些人就认为阶级立场已不合时宜，阶级分析方法已经过时。这是不对的。因为尽管在我国大规模的阶级斗争已经结束，但阶级斗争仍然在一定范围存在；在国际范围内资产阶级同无产阶级的斗争、资本主义同社会主义的斗争从来就没有停止过，有时甚至十分激烈。深刻揭示西方宪政民主与中国特色社会主义民主的本质差别，就是要运用马克思主义阶级分析的立场和方法，透过所谓自由、平等、人权的表象，把握其为资产阶级整体利益服务的实质；透过三权分立、权力制衡的表象，把握其只不过是平衡资产阶级内部不同利益集团关系的工具的实质；透过多党制、普选制、公民有参政议政权利的表象，把握其只不过是选民定期选择由哪个利益集团来对他们进行统治的实质。

其次，坚持普遍性与特殊性辩证统一的方法。普遍性与特殊性是辩证统一的，既没有离开普遍性的特殊性，也没有离开特殊性的普遍性，普遍性寓于特殊性之中。自由、平等、人权、权力制约和监督等是现代民主政治的共同价值，但是保证这些价值的具体内涵及其得以实现的制度安排、实现方式和实践路径在不同国家具有特殊性，与这些国家的历史、文化、社会经济发展水平紧密相联。每个民族只要以人的自由全面发展作为其政治制度的内在价值，只要将人民的美好幸福生活作为治理国家的价值追求，只要保证国家权力受到有效的监督和制约，就有权根据本国的历史文化传统、经济社会发展水平选择自己的政治和宪法制度，不应当也不能照搬西方的宪政民主模式。事实上，即使西方奉行宪政民主的国家，其具体的宪政模式也都不同，不存在统一的所谓西方宪政模式。

再次，高度警惕西方宪政民主思潮对我国的渗透破坏。近年来，国内个别人与西方对我国意识形态的渗透遥相呼应，以推进政治体制改革、维护人权、施行宪政、推进中国政治民主、反腐败等为名，否定中国共产党的领导和人民代表大会制度等政治制度，美化西方宪政民主制度，主张全面修改中国宪法，认为中国要推进政治体制改革，就要按照西方的模式，建立多党制、三权分立制度等，甚嚣尘上，不一而足。持上述论调的人，大多深受西方宪政民主影响，崇尚所谓自由、民主，对中国改革开放的伟大成就和中国特色社会主义制度的优越性采取视而不见的态度，夸大改革开放过程中出现的问题和矛盾，"一叶障目，不见泰山"。在西方各种基金会的资助下，极少数人充当起西方国家对我国意识形态渗透、颠覆人民民主政权的"急先锋"。对此，一方面，我们要保持高度警惕，对其观点进行分析和批判，引导党员干部、青年学生和人民群众正确认识西方宪政民主的阶级本质，讲清楚中国特色社会主义制度的优越性，坚定全党和全国人民的中国特色社会主义的道路自信；另一方面，要加强马克思主义基本原理和中国特色社会主义理论教育，加大力度宣传我国改革开放以来所取得的伟大成就，引导人民群众科学分析和理性看待中国特色社会主义事业发展进程中存在的矛盾和问题。

2. 坚持走中国特色社会主义民主政治发展道路

近代以来，仁人志士面对内忧外患，为救民族于危难、救人民于水火，苦苦求索、艰难前行，寻找富民强国的正确道路，探索适合我国国情的政治制度。他们先后发动洋务运动，以学习西方"船坚炮利"，发展近代民族工业，富国强兵；发动戊戌变法，以学习西方立宪政体，建立君主立宪制；发动辛亥革命，以推翻封建君主专制，实行资产阶级民主共和。政治制度先后尝试过君主立宪制、议会制、责任内阁制、总统制，也曾尝试过多党制，但最终均告失败。

　　"十月革命一声炮响，给中国送来了马克思列宁主义"，同时送来了全新的国家治理理念。中国共产党坚持将马克思主义的普遍原理与中国革命的具体情况相结合，提出只有社会主义才能救中国，才能实现民族的独立和解放，明确了中国社会主义的发展方向，探索出一条适合中国国情的革命道路。经过艰苦卓绝的28年的革命战争，终于推翻了半封建半殖民地社会，于1949年建立了新中国，并初步建立起有中国特色的社会主义民主制度。此后，中国共产党继续带领全国人民探索这条道路，尽管其间历经曲折，甚至犯过像"文化大革命"那样的全局性错误，但也取得了丰富经验和重要成果。改革开放以来，中国共产党以全新的角度思考国家制度建设和治理体系问题，不仅着力解决好制约党和国家事业发展的体制机制弊端，而且努力解决好事关党和国家长治久安的治理现代化问题，不断完善和发展中国特色社会主义制度。

◎ 专家观点

　　中国没有以民主的名义使自己陷入政党争斗的局面，在未来几十年中，中国不仅将改变全球经济，而且也将以其自身模式来挑战西方的民主政治。

　　　　　　　　　　　　　　——美国未来学家约翰·奈斯比特

　　不仅中国独特的发展模式被很多国家视为可效仿的榜样，而且中国倡导的政治价值观念、社会发展模式、对外政策会在国际社会产生越来越大的影响力和共鸣。

　　　　　　　　　　　　　　——美国哈佛大学教授约瑟夫·奈

　　中国模式的有效性证明，西方自由民主并非人类历史进化的终点。

　　　　　　　　　　　　　　——美国政治学家弗朗西斯·福山

回顾近代以来的历史，我们可以清晰地感受到，社会主义民主制度是在我国历史传承、文化传统、经济社会发展的基础上长期发展、渐进改进、内生性演化的结果，具有历史传承性和文化内生性，是最适合中国的政治制度。因此，要坚定制度自信，坚信中国特色社会主义民主是最适合我国国情、能够解决中国问题的制度；要有牢固的定力，始终坚持有中国特色社会主义政治制度不动摇；要有自己的主张，绝不照搬照抄西方宪政民主的政治模式，坚定不移地走好中国人民"自己的路"。

3. 积极稳妥推进政治体制改革

发展社会主义民主政治是我们党始终不渝的奋斗目标。回顾30多年改革开放的历程不难发现，在中国特色社会主义政治发展道路上，围绕社会主义民主与社会主义法治，我国政治体制改革的步伐从未停歇。当前，我国全面深化改革进入关键时期和攻坚阶段。政治体制改革作为全面改革的重要组成部分，始终随着经济社会的发展、人民政治参与积极性的提高、时代主题的不断变化而不断深

原声再现

评价一个国家政治制度是不是民主的、有效的，主要看国家领导层能否依法有序更替，全体人民能否依法管理国家事务和社会事务、管理经济和文化事业，人民群众能否畅通表达利益要求，社会各方面能否有效参与国家政治生活，国家决策能否实现科学化、民主化，各方面人才能否通过公平竞争进入国家领导和管理体系，执政党能否依照宪法法律规定实现对国家事务的领导，权力运用能否得到有效制约和监督。

——2014年9月5日，习近平总书记在庆祝全国人民代表大会成立60周年大会上的讲话

化。党的十八届三中全会进一步明确了全面深化改革的总目标：完善和发展中国特色社会主义制度，推进国家治理体系和治理能力现代化。这一目标的制定为我国政治体制改革指明了发展方向和发展导向。2014年9月5日，习近平总书记在庆祝全国人民代表大会成立60周年大会上的讲话中再次强调这条政治道路的重大意义，提出："发展社会主义民主政治，保证人民当家作主，保证国家政治生活既充满活力又安定有序，关键是要坚持党的领导、人民当家作主、依法治国有机统一。"这是从中国特色社会主义总体布局出发的重要战略部署，是我们牢牢抓住历史机遇、奋力推进改革开放和社会主义现代化事业的根本政治保证。

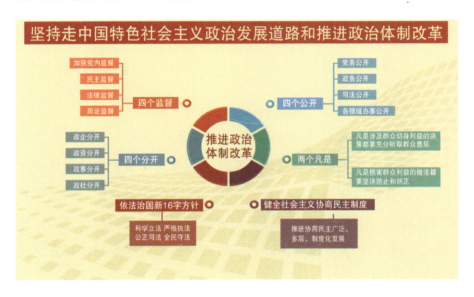

积极稳妥推进政治体制改革，首先必须坚持正确的政治方向，必须坚定不移地坚持党的领导。党的领导是中国特色社会主义政治制度最本质的特征，是人民当家作主、国家繁荣富强的根本保证。因此，在我国的政治体制改革中，应不断加强和改善党的领导，坚持党总揽全局、协调各方的领导核心作用。在党的领导下，支持和保证人民通过人民代表大会行使国家权力。同时，国家各项工作要坚决贯彻党的群众路线，密切同人民群众的联系，倾听人民呼声，回应人民期待，通过各种途径、各种渠道、各种方式就改革发展稳定的重大问题特别是事关人民群众切身利益的问题进行广泛协商，广纳群言、广集民智，不断解决好人民最关心最直接最现实的利益问题，凝聚起最广大人民的智慧和力量。

—— (((原声再现

　　要拓宽中国共产党、人民代表大会、人民政府、人民政协、民主党派、人民团体、基层组织、企事业单位、社会组织、各类智库等的协商渠道，深入开展政治协商、立法协商、行政协商、民主协商、社会协商、基层协商等多种协商，建立健全提案、会议、座谈、论证、听证、公示、评估、咨询、网络等多种协商方式，不断提高协商民主的科学性和实效性。

　　——2014年9月21日，习近平总书记在庆祝中国人民政治协商会议成立65周年大会上的讲话

　　积极稳妥推进政治体制改革，必须坚持国家一切权力属于人民，坚持人民主体地位。人民当家作主是社会主义民主政治的本质和核心。在政治体制改革中，一方面，从各层次各领域扩大公民有序政治参与，既可以防止无序参与以保持政治、社会的稳定，更能为政治参与的扩大提供空间；另一方面，逐步提升参与的层次，畅通现有的制度化参与途径，开辟新的参与途径和创新参与形式。

　　积极稳妥推进政治体制改革，必须坚持依法治国。依法治国作为党领导人民治理国家的基本方略，是治国理政的基本方式。发展社会主义民主政治，必须坚持依法治国、维护宪法法律权威，使民主制度化、法律化，以法治思维和法治方式来推动法治国家、法治政府、法治社会一体建设，依据法律法规来展开和推进国家各项事

业和各项工作，保证人民平等参与、平等发展权利，维护社会公平正义，尊重和保障人权，完善和加强权力监督机制，实现国家各项工作法治化，确保国家治理体系和治理能力现代化总目标的顺利实现。

──(((原声再现──────────────────────

　　"名非天造，必从其实。"实现民主的形式是丰富多样的，不能拘泥于刻板的模式，更不能说只有一种放之四海而皆准的评判标准。人民是否享有民主权利，要看人民是否在选举时有投票的权利，也要看人民在日常政治生活中是否有持续参与的权利；要看人民有没有进行民主选举的权利，也要看人民有没有进行民主决策、民主管理、民主监督的权利。社会主义民主不仅需要完整的制度程序，而且需要完整的参与实践。人民当家作主必须具体地、现实地体现到中国共产党执政和国家治理上来，具体地、现实地体现到中国共产党和国家机关各个方面、各个层级的工作上来，具体地、现实地体现到人民对自身利益的实现和发展上来。

　　──2014年9月21日，习近平总书记在庆祝中国人民政治协商会议成立65周年大会上的讲话

　　今天，我们要坚定制度自信，积极稳妥推进政治体制改革，沿着中国特色社会主义政治发展道路，始终高扬人民民主的旗帜，不断革除体制机制弊端，不断发展具有强大生命力的社会主义民主政治。只要积极稳妥地扩大人民民主，完善民主制度，丰富民主形式，就能让人民的积极性、主动性、创造性进一步发挥出来，使我们的制度更加成熟、更加定型，让制度的优越性得到更充分发挥，使我们的道路越走越宽、越走越稳。

拓展阅读

习近平：《在首都各界纪念现行宪法公布施行30周年大会上的讲话》，《人民日报》2012年12月5日第1版。

习近平：《在庆祝全国人民代表大会成立60周年大会上的讲话》，《人民日报》2014年9月6日第2版。

习近平：《在庆祝中国人民政治协商会议成立65周年大会上的讲话》，《人民日报》2014年9月22日第2版。

中共中央宣传部：《充分发挥我国社会主义政治制度优越性——关于发展社会主义民主政治和依法治国》，《习近平总书记系列重要讲话读本》，学习出版社、人民出版社2014年版。

（执笔人：刘旺洪）

◎ 如何看待所谓"普世价值"

　　价值观是人类在认识、改造自然和社会的过程中产生与发挥作用的。不同民族、不同国家由于其自然条件和发展历程不同，产生和形成的核心价值观也各有特点。一个民族、一个国家的核心价值观必须同这个民族、这个国家的历史文化相契合，同这个民族、这个国家的人民正在进行的奋斗相结合，同这个民族、这个国家需要解决的时代问题相适应。世界上没有两片完全相同的树叶。一个民族、一个国家，必须知道自己是谁，是从哪里来的，要到哪里去，想明白了、想对了，就要坚定不移朝着目标前进。

　　——2014年5月4日，习近平总书记在同北京大学师生座谈会上的讲话近几年来，"普世价值"已经成为一个热词，频频出现在各类媒体上。然而，关于普世价值的很多问题，众说纷纭，莫衷一是。比如，存在不存在普世价值？如果存在，什么是普世价值？普世价值是抽象的、虚幻的，还是具体的、历史的？普世价值是否为某一民族、某一国家所独创所专有？某一民族、某一国家是否有权力将某些价值说成是普世价值，并将其强加于其他民族或国家的头上？由此形成了一场激烈的"普世价值之争"。在这场争论中，由于西方势力和国内少数策应者推波助澜，有不少人落入西方"普世价值"所设计的陷阱之中，对我国主流意识形态造成了严重影响。面对这一思潮的泛滥及其带来的思想困惑和危害，我们必须拿起马克思主义的理论武器，深入揭示西方所谓"普世价值"的实质，以拨开笼罩在"普世价值"之上的"迷雾"和"光环"，澄清广大党员干部和人民群众在这一问题上的模糊认识。

■ 一、不同语境中的"普世价值"

关于"普世价值"，可谓仁者见仁，智者见智。但是，不管相关观点有多少种，不外乎三大类型，即作为大众话语的"普世价值"、作为学术话语的"普世价值"和作为政治话语的"普世价值"。

1. 作为大众话语的"普世价值"

如果我们随机抽问一位对普世价值从未关注过的人："你认为世界上有没有普世价值？"十有八九都会回答"有"。如果再追问下去："你认为哪些是普世价值呢？"将会得到五花八门的答案：比如，不管哪个民族哪个国家，父母都要爱自己的子女，子女也必须尊敬自己的父母；比如，不管是哪个民族哪个国家，都会禁止偷盗抢劫之类的行为；比如说，中国人有"己所不欲，勿施于人"的诫条，西方人则有"消极自由"的主张；再比如说，现在人类都面临着治理污染、反对恐怖主义、打击贩毒吸毒等全球性问题，需要各个国家的合作，这也是"普世价值"或"全人类所共有的价值"；等等。很显然，大众眼里的"普世价值"实际上就是人类共同生活不可或缺的共同价值。在这个意义上，普世价值的存在应当是一个近乎常识、无须争论的问题。

2. 作为学术话语的"普世价值"

学术界所讨论的"普世价值"本源于"普遍伦理"。20世纪60年代，西方的"颓废派运动"对传统道德观念形成了严重冲击，一些西方神学家发起了"全球伦理"运动，并于1993年9月在世界宗教议会全体大会上通过了《全球伦理：世界宗教议会宣言》。受"全球伦理"运动的影响，联合国教科文组织于1997年制定了"普遍伦理计划"，并于1998年6月在北京召开了名为"从中国传统伦理看普遍伦理"的亚洲地区专家会议，会上有学者提出了"普遍价值"这个概念。但有专家并不认同这样的"普遍价值"，于是引发了关于"普世价值"的学术争论。特别是自2008年汶川地震后，《南方周末》发表评论称"中国政府以切实的行动，向自己的人民，向全世界兑现自己对于普世价值的承诺"以来，国内学者掀起了一场关于"普世价值"的大讨论。如果到"中国知网"上选择"篇名"且以"精确词频"进行搜索，将会查找到相关论文和硕士论文600多篇；如果选择"关键词"以"精确词频"进行搜索，将会查找到相关论文和硕士论文2700多篇（截至2014年7月18日）。这些论文从政治学、伦理学、哲学、文化等几个视角对是否存在"普世价值"，什么是"普世价值"，以及如何看待"普世价值"等问题进行了深入研究。这些讨论多是一种学术探讨，绝大多数学者是从借鉴人类文明成果的角度去思考这一问题的，并无什么特殊政治意图。这就是学术语境中的"普世价值"。

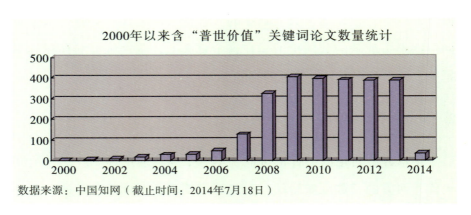

2000年以来含"普世价值"关键词论文数量统计

数据来源：中国知网（截止时间：2014年7月18日）

3. 作为政治话语的"普世价值"

但是，除了以上述两种话语形式之外，"普世价值"还以一种十分特殊的话语形式——政治话语或显或隐地存在着。持这种话语的主体主要有两种，一是西方敌对势力，一是国内一小部分崇尚西方价值观和制度模式的人。他们以"普世价值"为幌子，打着自由、民主、人权的旗号，极力推销西式政治制度、价值观念，企图改变中国改革开放的方向，改变中国特色社会主义制度模式。其话语套路主要有三种：

一是将我们对西方文明成果的借鉴视为对西方价值观的认同。如党的十八大提出"三个倡导"，有人就说，这是"第一次提出了肯定普世价值的社会主义核心价值观"，"将普世价值列入了社会主义核心价值观的范畴"。这实际上是一种浅尝辄止的望文生义，一种毫无根据的牵强附会，甚至是一种别有用心的偷梁换柱。

二是借普世价值来推销西方的制度模式，试图改变中国道路和中国制度。一些"普世价值论"者极力夸大西方价值的普适性，把世界各国、各民族的发展道路和模式都套在西方资本主义这个"魔圈"之中，然后将中国改革开放中出现的一切问题都归因于没有按照西方的自由、民主、人权等价值观念行事，在此基础上提出社会主义改革"应该与西方资本主义制度接轨"、"融入西方文明"等主张。

三是借社会热点事件宣传"普世价值"，间接煽动人们去颠覆中国特色社会主义制度。今天，他们一般不会进行赤裸裸的煽动，而常常借助于一些社会热点事件进行一种比较含蓄隐晦的煽

◎ **专家观点**

> 普世文明的概念是西方文明的独特产物……普世文明的概念有助于为西方对其他社会的文化统治和那些社会模仿西方的实践和体制的需要作辩护。普世主义是西方对付非西方社会的意识形态。
>
> ——美国学者塞缪尔·亨廷顿

动。如莫言获得诺贝尔文学奖后，国外有媒体一方面说莫言的作品"是普世价值的体现"；另一方面又批评莫言"缺乏推墙的勇气或兴趣"，把文学奖颁给莫言是"背离了诺贝尔文学奖的'理想主义倾向'"。很显然，这种意义上的"普世价值"具有明显的政治意图，已经远远超出学术争论的范围。我们所要警惕的，正是这种作为政治话语的"普世价值"，或者说是作为政治思潮的"普世价值"。

当然，上述划分是相对的。作为大众话语或学术话语的"普世价值"与作为政治话语的"普世价值"，实际上是无法截然分开的。"普世价值"作为观念产物和实践反映形式并非凭空出现，其本源仍然是资本主义社会制度和经济关系。作为政治话语的"普世价值"会以学术讨论的形式或者以大众话语的形式出现，但其不可

避免地会被作为政治话语的"普世价值"牵着鼻子走（如无特殊说明，下文所涉均指作为政治话语的"普世价值"）。因此，当前关于"普世价值"之争已不是历史上、学术上关于有没有共同人性、有没有共同价值之争，而是西方自由民主制度是否普遍适用，中国是否必须放弃中国特色社会主义的思想交锋。

二、"普世价值"思潮何以"蔓延"

自上个世纪90年代起，特别是新世纪以来，"普世价值"思潮在世界各地风生水起，在中国得以传播和"蔓延"绝不是偶然的，它是各种内外因素、主客观因素共同作用的结果。但最主要的是以下三大因素：

1. 西方敌对势力长期的意识形态渗透

"二战"之后，世界上形成了资本主义和社会主义两大阵营的对垒。1946年3月，英国前首相丘吉尔在美国富尔顿发表的反苏、反共演说（史称"铁幕演说"），正式拉开了"冷战"的序幕，意识形态斗争被推到了一个高潮。以美国为首的西方资本主义国家将人权、平等、自由、民主等包装为所谓的"普世价值"，并把它们作为打击非资本主义政治体系，特别是社会主义政治体系的一种工具。据说，曾任美国国务卿的杜勒斯于1953年提出了和平演变的"十条诫命"，并且把和平演变的希望寄托在中国第三代、第四代领导人身上。

这种战略并没有在中国达到预期目的，却在"苏东剧变"中大显身手，取得了"不战而胜"的效果，这就进一步刺激西方敌对势力特别是美国更加重视意识形态的渗透，更加不遗余力地向其他社会主义国家特别是中国推销其所谓的"普世价值"，寄希望于这一战略能够在其他社会主义国家取得相同的"战果"。如美国奥巴马

★ 知识链接

什么是"和平演变"

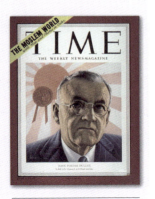

这个词汇出现于"二战"后20世纪50—60年代的"冷战"时期，由美国国会议员杜勒斯在20世纪50年代初提出。由于它所进行的过程中并没有发生战争，所以叫"和平演变"。西方国家以贷款、贸易、科技等各种手段诱压东欧国家，促使它们向西方靠拢，向资本主义"和平演变"。当时，美国在西欧设立的两个大型广播电台——"自由欧洲电台"和"自由电台"公开表示，其主要任务和目的是从所谓"全人类利益"出发，通过向苏联、东欧国家的人民特别是青年传播国际以及苏联、东欧国家内发生的重大信息，介绍西方社会的成就、生活及价值观念，运用经济手段来诱压社会主义国家接受西方的条件，动辄以"经济制裁"相威胁。美国等西方国家随时密切注视着东欧、苏联等国的内部动向，例如，当1980年波兰团结工会成立以后，"美联社"、"路透社"、"自由欧洲电台"等都大加吹捧。在波兰发生剧变的过程中，美、英、法等西方国家都对波兰社会主义政府施加了巨大压力，而对团结工会都给予巨大支持。

约翰·福斯特·杜勒斯（John Foster Dulles），1950—1952年任杜鲁门政府顾问，1953年1月至1959年4月任国务卿。

政府每年的国情咨文，都将"推行自由、民主、人权这些普世价值"视为美国的"国家战略"。美国2010年版《四年防务评估报告》指出，美国的主要利益是"安全、繁荣、广泛尊重普世价值，以及能够促进合作行动的国际秩序"。同年5月白宫发布的《美国国家安全战略》报告明确将"在国内和全世界尊重普世价

值"连同"维护美国及其盟友的安全"、"保持美国经济的强大"和"维持美国主导的国际秩序"作为美国的四项持久利益，并且强调美国的"长期安全和繁荣有赖于对普世价值的坚持"。实际上，在全球推广"普世价值"早就成为维护美国国家利益的当然内容，从而也是美国全球战略的逻辑起点之一。而伊拉克战争、"拉美陷阱"以及格鲁吉亚等一些国家的"颜色革命"，都是美国推广所谓"普世"的"现代社会价值和制度"造成的恶劣后果。

2. 对西方意识形态顶礼膜拜者的推波助澜

毫无疑问，建设中国特色社会主义，必须借鉴和利用人类一切优秀文明成果。毛泽东早就提出，对待古代和外国的文化遗产要"古为今用，洋为中用"。邓小平在1992年南方谈话中指出："社会主义要赢得与资本主义相比较的优势，就必须大胆吸收和借鉴人类社会创造的一切文明成果，吸收和借鉴当今世界各国包括资本主义发达国家的一切反映现代社会化生产规律的先进经营方式、管理方法。"习近平总书记则反复强调，对我国传统文化，对国外的东西，要坚持古为今用、洋为中用，去粗取精、去伪存真，经过科学的扬弃后使之为我所用。但我们的道路、理论、制度有着自己的鲜明特色和显著优势，不能全盘照搬西方的洋办法，搬过来只会水土不服，注定要失败。

然而，总有一部分人出于种种原因，对西方的东西包括文化、意识形态等顶礼膜拜，甚至主张照搬照抄。上个世纪80年代末，随着我国的改革开放，对外的窗户打开了，清新的空气进来了，与此同时，苍蝇和蚊子也进来了。一小部分所谓"知识精英"不分精华与糟粕，对西方文化表现出了狂热的崇拜。《河殇》第六集中有一段解说词："黄河命定要穿过黄土高原。黄河最终要汇入蔚蓝色的大海。……汹涌澎湃的海浪，将在这里同黄河相碰撞。黄河必须消除它对大海的恐惧。……生命之水来自大海，流归大海。千年孤独之后的黄河，终于看到了蔚蓝色的大海。"在这段解说词中，撰稿人用十分隐秘的比喻手法表达了对西方文化的过度崇拜。我们知道，黄河是中国人的母亲河，象征着中华传统文化。西方不少发达国家的文化起源于海洋，所以西方文化一般被称为"海洋文化"或"蓝色文化"等。"黄河最终要汇入蔚蓝色的大海"，其喻意就是中华文化最终要为西方文化所同化。这是典型的崇洋媚外、缺乏自信之表现。

今天，西方意识形态的渗透仍在不断加强，国内一小部分别有用心者更是推波助澜，甚至不惜牺牲人格国格，甘为推销西方民主价值观和民主政治制度的马前卒、急先锋。甚至有人直言不讳地说："全盘西化就是人化、现代化，选择西化就是要过人的生活，西化与中国制度的区别就是人与非人的区别，换言之，要过人的生活就要选择全盘西化，没有和稀泥及调和的余地。"足见一部分人对西方价值观及制度模式迷恋之深。在这些"西化精英"的鼓噪下，有不少人为"普世价值"所迷惑，甚至充当起西方价值观的吹鼓手。

3. 社会转型时期思想观念的复杂多变

社会转型就是社会经济结构、文化形态、价值观念等发生深刻变化。近100年来，我国社会比较显著的转型主要有三次：第一次是辛亥革命，结束了长达2000多年的封建帝制；第二次是1949年中华人民共和国成立，实行社会主义制度；第三次是正在进行的改革开放。

30多年来，改革开放的不断扩大，体制改革的不断深化，将当代中国带入一个崭新的时代。这个时代有三大特点：一是全球化。由于新科技革命的爆发，生产力水平空前提高，生产社会化迅速发展，世界各国各地区之间的联系日益密切，经济全球化趋势日益强劲，并且不断改变着世界经济格局，进而影响到每一个国家经济、政治和文化的发展。二是市场化。改革开放以后，我国的经济体制经历了从计划经济到社会主义市场经济，从市场在资源配置中起"基础性作用"到起"决定性作用"的深刻变化。这种变化充分反映了社会主义市场经济的本质要求，不仅可以从广度和深度上进一步推进经济体制改革，而且必然会影响到政治、文化、社会、生态文明等各领域的体制改革。三是网络化。随着计算机技术、信息技术和网络技术不断取得突破，互联网不仅实现了信息传播的瞬间性，而且拉近了人与人之间的距离，极大地改变了人类生活。正如有学者所言："地球上每一个人将随时随地都可以同另一个人自由地进行联系。正是这个简单的事实，犹如工业革命把农业的中世纪改造成为过去的二百年的工业文明一样，将使整个的世界社会发生翻天覆地的变革。"

在全球化、市场化和网络化等多种力量的共同作用下，当代中国的经济体制深刻变革，社会结构深刻变动，利益格局深刻调整。与此同时，精神文化也发生了深刻变化，最为突出的表现就是国内社会思想多元多样多变的趋势日益凸显，人们思想活动的独立性、选择性、多变性、差异性明显增强。在这种新的历史条件下，各种社会思潮竞相登场，几乎每一种观点都有其信奉者。以自由、民主、人权等西方价值观为核心的"普世价值"也不例外。

"普世价值"的信徒们信奉的内容是相同的，但信奉的原因却千差万别。有人属于"爱屋及乌"派。这部分人或是在媒体上看了欧美国家的一些介绍，或是到欧美国家跑了一趟，或是在欧美国家生活了一段时间，从西方国家经济发达的表象出发，简单推断西方的政治制度和体制以及价值观等一切都是好的，都是先进的。有人则属于"丧失信心"派。中国30多年的改革开放，一方面取得了巨大成就，另一方面也积累了不少问题，诸如收入差距大、看病上学难、腐败蔓延、雾霾肆虐，等等。这些问题的解决肯定有一个过程，根本不可能毕其功于一役。但是，这一部分人缺少应有的信心和耐心，认为西方的价值观和制度模式可以成为解决中国问题的捷径。此外，还有一些人则属于"人云亦云"派。这些人喜欢跟风，对各种观点都缺少思考。不管适用不适用，只要感觉新鲜就好。就像生活中追逐时尚一样，什么观念新颖、奇异就相信什么。近些年来，由于讲"普世价值"的人不少，因而也就跟在后面大讲特讲"普世价值"。

三、"普世价值"思潮的玄机何在

西方所谓的"普世价值"，是在西方历史文化的基础上形成的，反映着垄断资本的利益和意志，并为西方国家称霸全球服务。这样一套十分狭隘、居心叵测的价值观念，是如何变成一些人所推崇的"普世价值"的呢？西方国家究竟施了怎样的"法术"，其中的"玄机"又何在呢？

1. 以"普世标准"掩盖多元标准

价值是指具有特定属性的客体对于主体需要的意义。如果我们承认自由、民主和人权等都是一种价值标准，那么它们就不可能是统一的。世界上有多少个民族、多少个国家，对自由、民主和人权就会有多少种不同的理解，甚至同一个民族、国家内的政治价值标准都不可能完全统一，如南方和北方、西部和东部都会产生差别。

我们先来看一看大讲特讲"普世"的美国情况会不会有所不同呢？

如果纵向来看，也即从历史来看，其价值标准肯定是多元的，也就是说，不同时期有不同的标准。美国今天所持的自由、民主和人权与历史上所持的自由、民主和人权标准肯定不一样。如美国历史上曾允许黑奴制存在。从1619年首批黑人来到弗吉尼亚，到1863年总统林肯发表《解放黑人奴隶宣言》，美国黑奴制的存在时间长达240多年。再如美国妇女的选举权，从1839年美国鼓动争取妇女投票权开始，到1869年怀俄明州成为美国第一个允许妇女投票的州，再到1920年8月26日一份赋予美国妇女投票权利的宣言的签订，历时81年。

如果横向地看，也即对美国不同的州进行比较，由于美国实行联邦制，各个州都有自己的宪法、法律，因此各个州所持的自由、民主与人权标准也很难统一。比如说死刑，到目前为止，美国50个州有23个州已废除了死刑。但是与此同时，美国有23个州允许处死不到18岁的犯罪少年。再比如说税收，美国各个州的地税率有很大差别，甚至相邻的两个

◇ 延伸阅读

美国黑人权利发展年表

1619年　首批非洲黑奴抵达英属北美殖民地弗吉尼亚州。

1861年　美国北方的资本主义雇佣劳动制与南方的种植园奴隶制矛盾日益激化，达到不可调和的地步，4月南北战争爆发，其矛盾的焦点便是黑人奴隶制度的存废。

1863年　为了扭转南北战争联邦军的颓势，总统林肯发表《解放黑人奴隶宣言》。

1865年　内战结束。总统林肯遇刺身亡。《美国宪法》第13条修正案宣布奴隶制为不合法。

1868年　《美国宪法》第14条修正案给予所有非洲裔美国黑人公民权。

1870年　男性黑人获得投票权。

1896年　最高法院判决种族隔离不违宪，为南方各州的种族隔离政策开绿灯。

1955年　黑人妇女帕克斯在阿拉巴马州蒙哥马利一辆巴士上，拒绝让座给一位白人，结果被捕，事件触发黑人民权领袖马丁·路德·金带领进行长达一年的抵制行动，成功要求州内所有巴士废除种族隔离。

1963年　马丁·路德·金在阿拉巴马州示威时被捕入狱。他在华盛顿发表演说《我有一个梦》。

1964年　总统约翰逊签署《民权法》，取消公共场所的种族隔离政策。马丁·路德·金获颁诺贝尔和平奖。

1965年　黑人民权领袖马尔科姆·X被谋杀，终年39岁。参议院通过《投票权法》，打破束缚黑人投票的枷锁。

1966年　马萨诸塞州的布鲁克成为首位黑人参议员。

1967年　马歇尔获委任为最高法院首位身亡黑人法官。

1968年　马丁·路德·金在田纳西州遇刺，终年39岁。

1990年　威尔德当选为首位黑人州长，领导弗吉尼亚州政府。

1991年　迈克尔·杰克逊的单曲*Black or White*意外地打破了种族歧视。黑人有了与白人平等的地位。

2008年　伊利诺伊州参议员奥巴马成为美国首位黑人总统。

镇、两个村的税率都有差别。在美国，还有5个州免税，分别是：俄勒冈、阿拉斯加、特拉华、蒙大拿、新罕布什尔，另外，新泽西部分免税。由此可见，无论是从历时性还是从共时性的角度来看，美国的自由、民主和人权的标准都是不一样的，都是多元的。

2014年8月9日下午，美国18岁黑人青年迈克尔·布朗在密苏里小城弗格森街上被一名警察连击数枪身亡。布朗被枪杀在当地引发抗议活动，当地警察与社区居民严重对立。图为弗格森骚乱中的美国警察和愤怒的示威者。（资料照片）

可是，美国为什么要搞一套所谓的"普世价值"呢？这是因为，如果承认政治价值标准的多元化，美国就失去了干预其他国家的"合法性"。它先是将自己的自由、民主和人权抽象化，上升为一种所谓"普世"标准，然后，如果谁影响到美国的国家利益，它就可以祭起"人权"大旗，横加干涉。

但是，美国一旦将自己的价值观上升为"普世价值"，就会暴露出其不可克服和掩盖的弱点与漏洞。一是美国自身的自由、民主和人权等都是一步步实现的，那么对于处于不同发展阶段的国家和地区来说，没有理由在现阶段一步到位就采取所谓自由、民主和人权制度。二是美国所持的普世价值、普世标准，其出发点和落脚点都是美国自身的国家利益，没有理由要求其他国家采取同样的标准。比如，在面对中东和北非国家的政治动荡时，美国对利比亚、叙利亚和对巴林、也门采取的政策都是自相矛盾的。再比如，美国一向都标榜自己是最自由的国家，但是，斯诺登事件发生以后，所谓的"自由"昭然若揭。这表明，美国的自由并不一定比其他国家做得好，只是它科技比较发达，已经不需要或较少需要采取一些传统的手段，如空间上的限制、身体上的限制，等等。美国虽然在空间上、身体上对人的管制少了，但对内对外的监控更广更深，对本国和他国公民自由的伤害也更大更厉害。

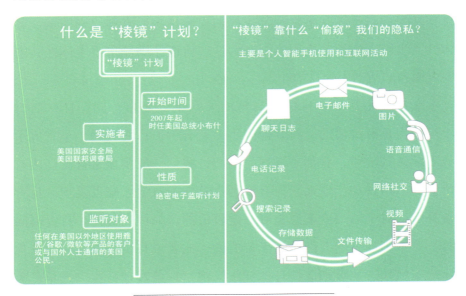

美国的"棱镜"计划与斯诺登事件

美国国家安全局在全球范围内收集手机位置信息，每天在海外收集的手机位置信息将近50亿条。图为2013年10月26日，在美国华盛顿，反对监听的民众举行示威活动。（图/东方IC）

2. 将价值性知识包装为真理性知识

西方的自由、民主和人权明明是价值标准，而价值标准一定是多元的，那么怎样才能将多元价值标准转化为所谓的"普世价值"标准呢？这就必须将"价值性知识"包装为"真理性知识"。

我们知道，价值与真理都是反映主体与客体之间关系的范畴。但不同的是，价值是指具有特定属性的客体对于主体需要的意义，真理是人们对于客观事物及其规律的正确反映。真理原则侧重于客体性，表明人的活动中的客观制约性；价值原则侧重于主体性，主要表明人的活动中的目的性。

在现实生活中，价值与真理的关系十分复杂。同一样东西对于有些人是有价值的，对其他人不一定有价值；而真理，不管你承认不承认其价值，它都是真理。因此，我们一般不能将自己认为有价值的东西强加于他人，但有权利也有义务对他人晓以真理。比方说香烟，对于抽烟者来说是有一定价值的，如可以提神、打发时间等；对于不抽烟的人则是毫无价值的，或者说是负价值。而不管你抽烟不抽烟，"吸烟危害身体健康"都是一条真理，这一点早已为科学所证明。因此，抽烟的人绝没有权利强迫不喜欢抽烟的人抽烟，否则就是反真理、反科学的；不抽烟的人则有权利要求吸烟者在公共场合禁止吸烟（如果不是公共场合，又另当别论），因为这是与真理、科学相符的。当然，有人可能会说，香烟有害健康，所以不可以强制他人。但对身体无害甚至有益的东西，是不是就可以强制他人呢？……

很显然，持"普世价值论"的人是深谙这一哲学道理的。西方的自由、民主、人权等原本都是一种价值性认识，他们为了实现自己的战略意图，而将自由、民主和人权等东西包装为"真理"，目的就是获得一种普遍性，即"普遍价值"。有了这种包装，对外推销起来就更为容易。这是因为，既然是"普遍真理"，对于推销者而言，即使采取强迫甚至暴力手段，也不会有失道义，至多只是方法问题；对于推销对象而言，如果你不接受"普世价值"，就等于不接受真理（而且是"普遍真理"！），就等于违背常识。

从实际来看，这一手法已经起到了一定的预期效果。这最突出地表现在两个方面：一是"普世价值"为美国对外战争提供了"合法性"基础。据统计，"二战"后，美国发起的对外战争有数十次（占"二战"后世界总战争数的98%），数百万人死于美军炸弹之下。这些战争大多打着"人权"等旗号，不仅得到一些西方国家的支持，还会得到被入侵国的反政府力量的拥护，有时还得到被入侵国家部分普通民众的肯定。但是，这种"合法性"是一种真理意义上的合法性吗？肯定不是，这种合法性包裹的实际上都是美国的国家利益。正因为如此，只要不影响国家利益，美国发动战争就不需要"普世价值"的支持。如1960年美国陆战队4000多人曾以休假为名在多米尼加登陆，干涉其内政。二是"普世价值"在发展中国家包括中国已经得到部分人的认同。就在前几年，国内进行激烈的"普世价值"争论的时候，如果有学者批驳西方的自由、民主、人权，揭示"普世价值"的实质，马上就有人指责文章作者"连民主一般都不要了"。言下之意，就是说文章作者连"普遍真理"都不要了。从理论上讲，肯定存在着抽象意义上的"民主"概念，即"民主一般"，但我们在实践中所选择的一定是具体的民主，或社会主义民主，或资本主义民主，或其他性质的民主。正如在我们的头脑中一定存在着抽象的"苹果"概念，但在生活中，当我们拿起一只苹果来吃的时候，一定是一个具体的苹果，即一个有特定产地、特定颜色、特定大小、特定口味的苹果。但是，"普世价值"总是力图回避价值的具体性，以期获得一种所谓的"普遍真理性"。

"二战"以后美国发动的侵略战争

时间	战　争	时间	战　争
1950年	第七舰队入侵台湾海峡	1971年	雇佣军入侵也门
1950年	发动朝鲜战争	1983年	入侵格林纳达，颠覆格林纳达的社会主义政府
1958年	直接插手黎巴嫩内战	1986年	在利比亚附近进行军事演习，双方发生冲突，空袭利比亚
1960年	陆战队4000多人以休假为名在多米尼加登陆，干涉其内政	1988年	3200名军人攻击洪都拉斯
1960年	支持比利时发动对刚果的武装侵略	1988年	发动"正义事业行动"，占领巴拿马
1961年	入侵古巴	1991年	海湾战争
1961年	派第七舰队进入印支海岸，500名陆战队员入侵	1994年	入侵海地
1961年	帮助南越战争	1999年	科索沃战争
1962年	武装干涉多米尼加人民革命	2001年	阿富汗战争
1964年	直接介入越战	2003年	伊拉克战争（第二次海湾战争）
1970年	策动朗诺集团发动政变，推翻西哈努克的柬埔寨政府	2011年	利比亚战争
1970年	进攻鹦鹉嘴地区		

3. 用人性分析取代科学分析

欲将价值性知识包装为真理性知识，就必须借助于学术论证。学术论证的方法很多，但是要将西方的自由、民主和人权包装成真理性知识，靠科学的分析是不可能的，因而他们只好求助于人性分析。

在社会科学研究中，人性分析特别是人性假设并不是毫无价值，相反，它是一个历史比较悠久且很管用的方法。比如说在中国古代思想史上，"人之初，性本善"就是一种人性假设，由此出发可以得出一套道德教化的理论与方法。再比如，西方经济学、管理学往往以"经济人"假设为前提，即认为人的行为在于追求本身的最大利益，工作的动机是为获得劳动报酬，由此出发形成了一套西方经济学或管理学理论。但是，对于人性，由于所持立场和方法的不同，所作出的假设往往也不相同。如中国古代有"人性善"（孟子）的假设，也有"人性恶"（荀子）的假设，还有"人性无所谓善恶"（告子）的观点。在西方，则既有"经济人"假设，亦有"社会人"、"自我实现人"、"复杂人"等诸多假设。而不同的假设就会有不同的结论。因此，无论是中国的人性假设，还是西方的人性假设，都有无法克服的理论缺陷，因而受到人们的质疑。

从人性入手来论证"普世价值"的存在，同样是一种十分常见的手法。所不同的是，为了给"普世价值"奠定学术基础，他们要做的首要工作就是进行共同人性的设定，即在人性中努力寻求共通性的东西。在他们看来，如果人性的共同点越多，则"普世价值"就越能站得住脚。根据不同的标准，可以对人性进行不同的分类，如人性可分为自然性和社会性，也可分为抽象人性和具体人性。在各种各样的论证中，我们发现，在人的自然性与社会性中，"普世价值论"一般喜欢从人的自然性出发去寻求人性的"共通性"。就人的自然性而言，不管是哪国人，共通性必然很多，如人都离不开空气、阳光和水，人都要吃饭、睡觉和运动，父母一般都会爱自己的子女，子女也会爱自己的父母，"男大当婚，女大当嫁"，"爱美之心，人皆有之"，"恻隐之心，人皆有之"，等等。在抽象人性和具体人性中，"普世价值论"一般都会从抽象的人性中去寻求共通性，因为越是抽象，离现实生活就越远，受社会关系的制约就越少，就越容易寻求所谓的"共通性"。比如萨特认为，"人的本质是自由，因而进行自由自主的选择是人的基本权利"，这就是一种抽象的人性观，因为这里的"人"，是脱离了一切社会关系的人，根本不考虑他处于哪个国家，也不考虑他处于哪个时代。再比如西方启蒙时代提出的"天赋人权"，其中的"天"是什么？很大程度上就是一种形而上学的抽象，既然如此，由"天"所赋予的"人权"必然也是抽象的。如西方有人认为，人都是造物主创造的，任何人，不论肤色、性别、国籍，对生命、自由和追求幸福的需要毫无二致；人对人权的需要，犹如生命需要水、空气和阳光一样的普遍和绝对；等等。

然而，无论是从人的自然性还是从抽象的人性出发，所得出的"普世价值"却成不了真正的普遍真理。因为在人的自然性与社会性之间，人的真正本质在于其社会性，其价值追求不是其自然性的反映，而是其社会性的表现，因而此种共性一旦具体化，就会出现差异甚至对立。比如孟子所云"人皆有之"的恻隐、羞恶、是非、恭敬之心，一旦落实到具体人、具体场景，肯定就不那么统一了。什么是可怜、什么人值得可怜、什么人能够去可怜等，在存在着阶级利益对立的社会，根本无法统一。而至于人的本质问题，马克思强调："人的本质不是单个人所固有的抽象物，在其现实性上，它是一切社会关系的总和。"毛泽东也曾指出："……只有具体的人性，没有抽象的人性。在阶级社会里就是只有带着阶级性的人性，而没有什么超阶级的人性。"因此，从抽象人性出发，根本不可能得出普遍真理；而如果从具体人性出发，又肯定得不出西方所谓的"普世价值"。正因为"普世价值"并非普遍真理，因而连西方自己都怀疑向发展中国家推销"普世价值"的"合法性"。如法国前外长韦德里纳与法国国际和战略关系研究所所长博尼法斯在新近联合出版的新书《全球地图册》中，就谈到了这个问题。有人质疑韦德里纳是否"过于偏激"地放弃了人权、自由和民主等"普世价值"，他回答说："我一直坚信和捍卫这些价值，但我不无伤感地告诉您，西方世界10亿人口在全球60亿人口中占少数，我们认定的'普世价值'未必真的就是'普世'的，现在我们没有理由也没有能力强迫别人接受我们的价值观。"

■ 四、"普世价值"思潮意欲何为

作为政治话语形式而存在的"普世价值"，与作为大众话语和学术话语的"普世价值"最大的不同，就在于其有着特殊的政治目的。如果我们不想被其迷迷糊糊地牵着鼻子走，就必须拨开笼罩其上的重重迷雾，认清"普世价值"推行者背后的政治用意。

1. 消解他国主流意识形态

意识形态在国际斗争中占据十分重要的地位，因为意识形态不仅决定于其经济基础和政治上层建筑，而且对政治、经济具有巨大的反作用，在一定的条件下直接关系着人心的向背、社会的安定、经济的兴衰、政权的得失、国家的安危。无论是要维护或破坏一种社会制度，还是要巩固或推翻一个政权，都必须做意识形态方面的工作。

1999年：不战而胜

[美] 尼克松 著

当有一天，遥远的古老的中国，他们的年轻人，不再相信他们的历史传统和民族的时候，那个时候，就是我们美国人不战而胜的时候！

——尼克松

西方敌对势力尤其是美国深谙意识形态之道，因而在"冷战"期间将意识形态战略上升到了前所未有的高度。1953年，美国前国务卿杜勒斯首次提出"和平演变"的概念。和平演变战略涉及方方面面，其中之一就是"攻心"战略，即对社会主义国家进行思想文化渗透、诱导、催化。尼克松在《1999年：不战而胜》一书中提出，应该制订一个在铁幕里面同社会主义国家进行"和平竞赛的战略"，开展"意识形态竞争"，打"攻心战"，扩散"自由和民主价值观"，打开社会主义国家的"和平变革之门"。美国总统奥巴马同样力挺"普世价值"。他在上任后首次接受一家英国电视媒体采访时虽然说，美国不能把它的价值观强加给别国，但他又坚持说，"民主、法治、言论自由、宗教自由"是"普世价值"。而且，"这些价值至关重要，即便是在艰难时刻。"

为了顺利推销自己的价值观，西方惯用的手法就是抬高自己的价值观，贬低和消解他人的价值观。一方面，"自由、民主和人权"不仅被他们视为"普世"、"至上"的真理，而且被他们视为解决一切社会问题的"良方"。他们努力掩盖在"自由、民主和人权"方面的丑行，把自己打扮成一个"自由、民主和人权"卫士。另一方面，西方着力矮化、丑化甚至直接攻讦社会主义国家的主流意识形态。他们把马克思主义视为"乌托邦"，将共产主义等同于"极权主义"，认为"苏联的极权主义、共产主义意识形态的扩展以及斯大林的偏执狂是冷战产生的根源"。当苏联解体时，西方有学者立即宣称"共产主义失败了"，西方的市场经济和民主政治是"最后一种统治形式"。人类社会的发展史，就是一部"以自由民主制度为方向的人类普遍史"。

然而，社会主义的发展并不如他们所想象的那样。当年，邓小平在苏东剧变后十分坚定地表示：

> 一些国家出现严重曲折，社会主义好像被削弱了，但人民经受锻炼，从中吸收教训，将促使社会主义向着更加健康的方向发展。因此，不要惊慌失措，不要认为马克思主义就消失了，没用了，失败了。哪有这回事！

事实上，中国通过进一步的改革开放，取得了巨大成就，稳住了社会主义的阵脚。但那些反马克思主义的西方学者们不顾现实，粗暴地将理论与实践割裂开来，给马克思主义扣上"教条"、"僵化"、"独裁"、"专制"等种种帽子，指责中国搞社会主义是"离开甚至背离了人类近代文明的主流"，而把中国改革开放所取得的一切成果归因于"普世价值"，认为"解放思想的核心目标就是要确立普世价值'，改革开放是向资本主义的"价值回归"，"以人为本"是"普世价值"的重要体现，等等。除此之外，他们大力推销拜金主义、享乐主义、极端个人主义，制造价值混乱，企图达到即使你不信仰"普世价值"，也要远离马克思主义的最低目标。他们之所以要这样做，就是想以"所谓人类文明中一切美好的东西"，以所谓"普世价值"为幌子，使西方的自由、民主和人权获得一种"至上性"和"主导性"的地位，最终将马克思主义驱逐出当代中国的思想语境。

2. 推销西方民主政治制度

"冷战"结束后，国际关系中的意识形态斗争非但没有"终结"，反而进一步得到强化。自由、民主、人权等价值观成为西方资本主义辩护士用来掩人耳目，向东亚、东欧、中亚、非洲等地区输出美式价值观的一种策略和工具，更成为西方国家对其他国家进行所谓"民主化改造"的"正当性"理由。2006年9月美国推出的"普林斯顿计划"最具代表性。该计划把世界上的国家划分成"民主"和"非民主"两部分，要将全球的"民主国家"联合起来，对抗"非民主国家"的挑战。美国因为自以为掌握了"普世"的民主

---→ 小贴士

美国全国民主基金会

美国全国民主基金会（National Endowment for Democracy，又译为"国家民主捐赠基金会"，简称NED），是美国的非营利机构之一。美国政府为了便于管理向国外组织的捐款资金，于1983年成立全国民主基金会，总部设在华盛顿特区，其宗旨是促进及推动全球的民主化，并向相关的非政府组织及团体提供资助。虽说是私人机构，但其运作资金则大多数是从美国国会拨出的。

美国全国民主基金会号称是美国上百万个非政府组织中的"龙头老大"，和美国国务院、国际开发署、中央情报局有密切的联系，被认为是中情局的"另一块招牌"。因为NED有非政府组织（NGO）的名头，不易引起注意，甚至连西方的研究报告都说，"在向非政府组织提供战略资金方面，美国外交政策精英们认为NED比秘密支援更可靠"。这个20世纪80年代初成立、主要靠美国政府拨款从事活动的"非政府组织"，在世界很多地方扮演过特殊的政治角色，可以数出来的有：委内瑞拉等拉美国家、乌克兰等独联体国家、伊朗等西亚国家、缅甸等东南亚国家，它们都受到其颠覆活动或推动的"颜色革命"的影响。

价值，就可以将自己的制度模式强加到其他民族的头上，甚至不惜动用武力在全世界推行自己的意识形态和民主制度。如伊拉克战争就是美国以武力输出"民主"的样板。美国还雄心勃勃地施行"阿拉伯民主化战略"，试图把伊拉克这一"民主样板"推广到中东的其他国家，在政治体制、价值观念、生活方式上逐步改造阿拉伯世界，建立西方式民主制度，建立、扶持亲美政权。

中国更是美式民主推销的一个重点对象。美国《时代周刊》网站的一则报道就明确地说："美国希望中国将发展成民主国家的这个观点，一直是美国对华政策的基础，是美国与一个不以为然的独裁政权保持密切联系的主要原因。"长期以来，美国的一些基金会和非政府组织一方面资助一些精英分子以学术的名义传播西方的价值观，论证西方制度的优越性以及中国选择西方模式的必要性，另一方面还频频资助中国的"民运"、"藏独"、"东突"等势力从事各种反华反党反社会主义的活动。2008年，就在我国集中精力筹办北京奥运会的时候，西方一些媒体和政要千方百计地将奥运议题政治化、意识形态化。中国政府制止"藏独"暴力活动的正当行为，成了他们攻击所谓中国人权状况的"把柄"；而他们破坏奥运圣火传递的暴力举动，却得到一些西方政治势力的纵容。在他们看来，只要是中国共产党领导的社会主义国家，不管作出多少努力，取得多大成就，都是一个"极权主义政权"，人权状况都十分"糟糕"。近年来，西方一些国家更是拼命炒作贸易逆差、人民币汇率、能源、环境、拆迁、"有毒"食品、"危险"玩具、军费增长等问题，以此来"妖魔化"中国，目的是掀起群众对党和政府的不满。所有这一切都十分清楚地表明，一部分西方敌对势力是"唯恐中国不乱"，"中国不就范决不罢休"。

"美国人相信他们的思想具有普遍性——人人言论自由的至高无上性。但实际上美国人的思想并不是这样——从来不是。美国之所以长期取得成功，不是因为这些思想与原则，而是因为特殊的地缘政治所带来的财富：丰富的资源和大量的移民，来自欧洲的大量资本和技术，以及让美国与世界上其他地方的冲突分隔开来的两大海洋。""我们没有听从他们有关我们应该如何治理的建议。我们不能让别人拿我们的生活做试验。他们的想法是理论，未经证实的理论。"

——新加坡前总统李光耀

3. 谋取全球范围内的霸权地位

"冷战"结束以来，美国历任总统尽管采取了各自不同的、带有明显个人特征的对外政策，然而其一脉相承的是对美国全球霸权的追求和护持。"冷战"后美国全球战略不管怎样变化和调整，其基本战略目标万变不离其宗，即始终围绕追逐全球霸权而展开。

"二战"以前，全球霸权的争夺主要依靠军事力量。但是从20世纪末尤其是进入新世纪以来，国际竞争的一个重要变化就是文化软实力的地位和作用不断凸显，而核心价值观则是文化软实力最重要的方面。正因为如此，西方的政界和学界开始密集地使用"普世价值"表征其核心价值观。美国奥巴马政府每年的国情咨文，都将推行自由、民主、人权这些"普世价值"视为美国的"国家战略"。美国之所以如此是因为：

首先，推广"普世价值"可以占领道义制高点。"普世价值"是一个褒义词，该词汇"天生"即带有国际道义的属性。尽管人们对于"普世价值"的具体内涵存在着多种多样甚至相互对立的观点，却无法从根本上否认"普世价值"的存在。借此，美国可以确保占据国际道义制高点，牢牢占据国际道义优势。

其次，推广"普世价值"有利于美国掌握国际政治的话语权。美国不仅拼命宣传"普世价值"的存在，而且将普世价值与"自由、民主和人权"混在一起，直接画上等号，使得"自由"、"民主""人权"在意识形态斗争中取得了明显的话语优势。

再次，推广"普世价值"可以为其霸权主义行为披上合法的外衣。占据道义上的制高点、掌握世界政治话语权，最终目的则是为美国的全球战略和霸权主义行径披上合法的外衣。如小布什政府指责"无赖国家'、"邪恶轴心"伊拉克拥有大规模杀伤性武器，构成了对人类和平与安全的重大威胁，所以美国发动了伊拉克战争。克林顿时期，美国对南联盟进行了70多天的狂轰滥炸，其旗号是"人权高于主权"，宣称是为了保护波黑穆斯林免于遭到塞尔维亚族的种族屠杀。这两场战争的真相其实是美国为了夺取对中东和巴尔干的主导地位，维护自身在该地区的霸权。

该不该空袭利比亚 主权？人权？
> 对主权国家进行军事干预是否合法，关键在于是否获得授权。

总之，西方发达国家将所谓的"普世价值"主义化，以"自由"的名义开展思想渗透，以"民主"的借口实施离间分化，以"人权"的标签制造事端，目的就是要在全球范围内控制意识形态的话语权，以谋求在全世界范围内发挥"领导作用"，建立符合资本主义意愿的"世界新秩序"。大量事实证明，西方一些资本主义国家在全世界到处兜售所谓的"普世价值"，其根本目的不是为了使这些国家走上康庄大道，而是为了颠覆不符合自身意愿和利益的他国政权，削弱这些主权国家的主导能力，进一步强化对其的控制力，以获取巨大的军事战略利益和地区资源利益。

五、"普世价值"思潮如何抵御

当前我国意识形态领域的斗争十分复杂，"普世价值"思潮与我国主流意识的冲突仅仅是当今中国意识形态斗争的一个方面。这种冲突说到底是要不要坚持中国特色社会主义道路的交锋，是马克思主义和反马克思主义"两大话语体系"的角力，是社会主义核心价值体系和资本主义核心价值体系的较量。

1. 大力加强意识形态领域的建设

意识形态领域是一个没有硝烟的战场。要击退西方"普世价值"的进攻，取得意识形态领域斗争的胜利，关键要抓好三个环节：

一是要做好意识形态领域情况的动态分析，及时掌握包括西方"普世价值"在内的各种非马克思主义特别是反马克思主义的社会思潮的发展态势。目前，各种社会思潮会通过各种媒体，尤其是通过各种新兴媒体来进行传播。对于传统媒体，我们早已形成了一套行之有效的管理办法，所以，包括"普世价值"在内的各种反主流意识形态的社会思潮在传统媒体上进行大规模传播的可能性相对较小，一旦有什么异常情况也容易发现、容易处理。但是，对于各种基于网络的新兴媒体的管理，我们还没有完全跟上。"普世价值"

等思潮目前主要是通过它们来进行传播的，这就需要我们一方面加大开发新兴网络信息技术的力度，不断提高网络舆情监测的技术水平，另一方面积极动员宣传思想文化工作者，及时把握新媒体时代意识形态领域的新动向，不断创新新媒体时代的意识形态工作方式。

二是要加大理论研究的力度，深入揭示"普世价值"的内在矛盾。"普世价值"并非什么客观真理，不管它如何包装，都无法掩盖其内在矛盾。西方模式不可能成为人类社会的唯一模式，西方价值观也不可能是什么"普世价值观"。"普世价值"产生于西方，有其独特的土壤。而且即使在西方内部，比如美国、英国、法国和德国等，他们所理解的自由、民主和人权并不完全一样，所采取的制度模式也不尽相同。"普世价值"一旦超出西方，其"普世性"就更加可疑，很多主要学习与采用西方价值观和制度模式的国家，包括印度、巴西、阿根廷等，都没有出现西方所描绘的美景。而且美国等西方国家的价值标准是双重的，这在人权问题上表现最为典型。美国对外高喊"人权高于主权"，肆意干预他国内政，而在自己的人权领域却问题百出，如警察虐待犯人事件、斯诺登事件等，不一而足。既然采取"内外有别"的双重标准，这是何种"普世价值"呢？难道世界上还存在一种特殊的"普世价值"？当我们将"普世价值"理论与实践的矛盾充分揭示出来，罩在西方意识形态之上的"美丽光环"也就会黯然消退。

三是对于"普世价值"之争要采取公正的立场和客观的态度。首先，既不侈谈"普世价值"，要旗帜鲜明地否定凌驾于历史和民族差别之上的所谓"普世价值"，认清其本质和政治意图，又要立足于今天新的时代实践，进行历史的、阶级的分析，把它对于人民的态度如何、有无进步意义作为根本评价基准，批判和借鉴其中进步的内容。其次，对于"普世价值"的主张者要区别对待。对于"普世价值"的一般信奉者，宜采取说服教育的方法进行引导，使其明辨是非真伪；而对于那些有政治目的、有政治企图的"普世价值"的传播者和贩卖者，应予以严肃处理和高度警惕。

2. 积极培育和践行社会主义核心价值观

社会主义核心价值观基本内容

富强 民主 文明 和谐
自由 平等 公正 法治
爱国 敬业 诚信 友善

核心价值观之争，就是思想主导权之争。新中国成立以来，我们党就十分注重主流意识形态建设。改革开放之后，特别是党的十六届三中全会以来，我们党不仅提出了"建设社会主义核心价值体系"这一命题，而且在党的十八大上提出了"富强、民主、文明、和谐，自由、平等、公正、法治，爱国、敬业、诚信、友善"的社会主义核心价值观，从而将主流意识形态建设推向一个新阶段。当前，我们一定要牢固坚持马克思主义的指导地位，大力培育和践行社会主义核心价值观，自觉抵制"普世价值"思潮，为实现中华民族伟大复兴的中国梦提供坚强的思想道德支撑。

首先，要将社会主义核心价值观理解透。自党的十八大提出"三个倡导"的社会主义核心价值观后，就有人将社会主义核心价值观与"普世价值"混为一谈，认为党的十八大报告"第一次提出了肯定普世价值的社会主义核心价值观"，"将普世价值列入了社会主义核心价值观的范畴"。这实际上是一种误解甚至是曲解。我

─《原声再现

　　每个时代都有每个时代的精神，每个时代都有每个时代的价值观念。国有四维，礼义廉耻，"四维不张，国乃灭亡。"这是中国先人对当时核心价值观的认识。在当代中国，我们的民族、我们的国家应该坚守什么样的核心价值观？这个问题，是一个理论问题，也是一个实践问题。经过反复征求意见，综合各方面认识，我们提出要倡导富强、民主、文明、和谐，倡导自由、平等、公正、法治，倡导爱国、敬业、诚信、友善，积极培育和践行社会主义核心价值观。富强、民主、文明、和谐是国家层面的价值要求，自由、平等、公正、法治是社会层面的价值要求，爱国、敬业、诚信、友善是公民层面的价值要求。这个概括，实际上回答了我们要建设什么样的国家、建设什么样的社会、培育什么样的公民的重大问题。

　　——2014年5月4日，习近平总书记在同北京大学师生座谈会上的讲话

们承认，当人类的交往越来越频繁时，人类确实会形成一些价值共识。当我们将千百年来形成的价值观念高度提炼后，有的会表现出与西方价值观相类似的一些共性。这实际上也是西方为什么要通过抢占价值先机来占据价值制高点的一个重要动因。但是，这种类似并不是我们臣服于西方价值观而主动"投怀送抱"。我们必须十分清楚地认识到，我们倡导的"自由、民主、平等"等价值观，是以中国特色社会主义为本质内涵的，与西方的"普世价值"有着根本区别：

　　一是属性不同。我们所提倡的核心价值观都是历史的、具体的，而西方主观认定的"普世价值"则是抽象的，并自诩是"永恒的"。

　　二是立足点不同。我们的核心价值观立足于"社会本位"，强调的是爱国主义、集体主义和社会主义，而西方所谓的"普世价值"偏重的是"个人本位"，因而很容易滑向极端个人主义。

三是目标定位也不同。我们的核心价值观是中国人自己的社会主义价值追求和目标，是为了谋求人民幸福、社会和谐与民族复兴，从来不会要求他人接受更不会强迫他人接受我们的核心价值观，而西方所谓的"普世价值"则具有强烈的扩张性甚至是侵略性，总是企图将自己的价值观强加于人，甚至不惜动用武力推销自己的价值观。

社会主义核心价值观与"普世价值"的比较

	社会主义核心价值观	"普世价值"
属　　性	具体性、历史性	抽象性、"永恒性"
立 足 点	社会本位、集体主义	个人本位、个人主义
目标定位	人民幸福、社会和谐、民族复兴	世界霸权

其次，要将社会主义核心价值观传播好。关键是要处理好以下三个方面的关系：

一是处理好正面宣传与舆论监督的关系。当前，我国改革已经进入"深水区"，各种社会问题逐渐暴露出来，如发展失衡、环境污染、干部腐败、老百姓看病难上学难买房难等，而且一时难以解决。但总体来看，改革开放以来，我国经济在不断发展，社会在不断进步，人民群众的生活水平在不断提高，中华民族实现伟大复兴的"中国梦"在稳步推进。我们的媒体切不能以支流代替主流，用问题和不足遮蔽成绩和进步，而应坚持正面宣传为主，同时充分发挥舆论监督的作用，在全社会营造一个有利于稳定团结的舆论环境，形成鼓舞广大人民群众共同奋斗的巨大精神力量。

二是处理好传统媒体与新兴媒体的关系。随着计算机、信息和网络技术的飞速发展，各种新兴媒体如雨后春笋般不断涌现，大有改变甚至超越传统舆论格局之势。我们的主流媒体早已意识到这种挑战的严峻性，一直都在积极寻求应对之策，一方面不断创新纸质媒体的传播方式，另一方面积极应用各种新兴媒体，努力扩大主流媒体的覆盖面和影响力。但是，在应用新媒体时，切不可满足于把传统纸质媒体上的内容简单地搬到新兴媒体上，而必须不断探索新媒体的传播特性和规律，努力掌握新媒体受众的知识结构、兴趣点和话语方式，有效占领新兴媒体这一舆论阵地。

三是处理好"主流媒体舆论场"与"民间舆论场"的关系。在互联网日益发达的今天，民间舆论场已发展成为一股不可忽视的舆论力量。当前，民间舆论场与主流媒体舆论场有时是一致的，但有时又是矛盾的。为了有效引导民间舆论场，主流媒体必须以公共利益为导向，在"三贴近"上下工夫，积极回应民间舆论场的热点话题，充分吸纳民间舆论场的意见建议，促进"两个舆论场"良性互动，引导广大群众自觉传播主流价值观，共同传递社会"正能量"。

再次，要将社会主义核心价值观践行实。社会主义核心价值观的威力，不仅在于话语及其传播，更在于它是否具备影响社会现实、干预社会现实的力量。我们知道，价值理想与社会现实是既矛盾又统一的关系。合理的价值理想一定是立足于社会现实又高于社会现实的，倘若它不能影响社会现实、不能干预社会现实，无法引导社会现实不断地接近价值理想，这样的价值理想就是空想。因此，我们必须在理解透、传播好社会主义核心价值观的基础上，努力用它来引领社会生活，不断缩小社会现实与社会主义核心价值观的距离。

一是不断缩小日常生活与社会主义核心价值观的距离。培育和践行社会主义核心价值观，必须与人们的日常生活紧密联系起来，在落细、落小、落实上下工夫，要充分利用乡规民约和礼仪、节庆等活动，形成有利于弘扬社会主流价值的生活情景和社会氛围，收到"百姓日用而不知"的效果。

二是不断缩小日常工作与社会主义核心价值观的距离。在实际工作中，无论是机关、学校还是企事业单位、社会组织，无论是生产经营领域还是社会服务领域，都要充分体现社会主义核心价值观的要求，形成各方面工作与核心价值观建设同频共振、同向同行的强大正效应。

三是不断缩小政策制度、法律法规与社会主义核心价值观的距离。要结合推进国家治理体系和治理能力现代化的实践，结合全面深化改革的进程，做好有关政策、法规的制定和修订工作。凡是有利于社会主义核心价值观践行的政策制度、法律法规要抓紧制订，凡是有悖于社会主义核心价值观践行的政策制度、法律法规要抓紧修改或废除。要充分发挥政策、法规的导向和约束作用，使正确行为得到鼓励、错误行为受到制约，强化人们践行社会主义核心价值观的行动自觉。

3. 努力实现中华民族伟大复兴的"中国梦"

讨论社会主义核心价值观，就不能不谈"中国梦"。"中国梦"，是党的十八大召开以来习近平总书记所提出的重要目标理念。"中国梦"的宗旨是要"实现中华民族伟大复兴"，具体表现则是国家富强、民族振兴、人民幸福。

回顾社会主义与资本主义的斗争历程，无论是社会主义意识形态还是资本主义意识形态，其地位和作用都会随着两种制度力量对比的变化而变化。当资本主义发展处于"黄金期"，其价值观就咄咄逼人；当资本主义处于危机期，其价值观就衰微退缩。社会主义的意识形态同样如此。当社会主义事业蓬勃发展时，其主流意识形态的地位就比较巩固，反之就容易动摇。社会主义核心价值观要想最终战胜西方的"普世价值"，实现对"普世价

值"的超越，离不开社会主义事业的辉煌和成就。实现中华民族伟大复兴的"中国梦"，是培育和践行社会主义核心价值观的基础和保证。这是因为：

第一，"中国梦"既是个体梦又是国家梦。"中国梦"不同于"美国梦"。"美国梦"立足个体，崇尚个人奋斗，强调个人理想的实现。而"中国梦"立足社会，强调集体主义，强调民族理想变成现实。"中国梦"坚持人民主体，选择的是共同富裕的道路，主张让发展成果更多更公平地惠及全体人民。当我们把"国"与"家"、"民"与"族"融为国家民族，把"你"、"我"、"他"整合为"大家"，每个人的梦也就融合成了"中国梦"，同时"中国梦"也就成了每个人的梦。有这样的梦为基础，社会主义核心价值观必然会得到广大人民群众的自觉认同。

第二，"中国梦"既是民族梦又是世界梦。说它是民族梦，是因为它是中国人自己的梦，是中国人实现中华民族复兴的梦。说它是世界梦，这并不是说等我们复兴了之后，会把自己的梦强加于人，而是说随着"中国梦"的不断实现，得益的不仅仅是我们中国人，其他国家和地区也会在中国的带动下变得更加繁荣。这是因为，中国是负责任的大国，是倡导人类命运共同体意识的中国，是

在谋求本国发展中促进各国共同发展的中国。中国一直坚持和平发展、和平崛起，无论是复兴中的中国还是复兴后的中国，都将始终坚持把中国人民利益同各国人民共同利益结合起来，共同应对全球性挑战，共同破解人类发展难题，共同促进世界的和平与发展。有这样的梦为依托，社会主义核心价值观就会化解其他国家和民族的误解，就能打破来自一些西方国家的遏制和"围剿"。

第三，"中国梦"既是理想的梦又是现实的梦。振兴中华，实现中华民族的伟大复兴，是近代先进的中国人梦寐以求的共同理想和目标。但是，我们的先人由于一直没有找到一条适合中国国情的道路，实现中华复兴理想的责任历史地落到了中国共产党人的身上。与我们的先人相比，中国共产党人不仅重新确立了这一理想目标，更主要的是找到了实现中华民族伟大复兴的实现途径，即走中国特色社会主义道路、坚持中国特色社会主义理论体系、弘扬民族精神、凝聚中国力量；同时也找到了实现中华民族伟大复兴的实施手段，即政治、经济、文化、社会、生态文明五位一体建设。有这样的梦做支撑，社会主义核心价值观必将在全民心目中牢牢树立！

拓展阅读

习近平：《青年要自觉践行社会主义核心价值观——在北京大学师生座谈会上的讲话》，《人民日报》2014年5月5日。

《中共中央办公厅印发〈关于培育和践行社会主义核心价值观的意见〉》，《人民日报》2013年12月24日。

（执笔：郭榛树）

◎ 如何看待"公民社会"思潮

　　坚持系统治理，加强党委领导，发挥政府主导作用，鼓励和支持社会各方面参与，实现政府治理和社会自我调节、居民自治良性互动。坚持依法治理，加强法治保障，运用法治思维和法治方式化解社会矛盾。坚持综合治理，强化道德约束，规范社会行为，调节利益关系，协调社会关系，解决社会问题。坚持源头治理，标本兼治、重在治本，以网格化管理、社会化服务为方向，健全基层综合服务管理平台，及时反映和协调人民群众各方面各层次利益诉求。

　　——2013年11月12日，中国共产党第十八届中央委员会第三次全体会议通过的《中共中央关于全面深化改革若干重大问题的决定》

随着我国社会建设和社会治理改革的不断深化，培育基层社会组织的力度不断加大，公益性社会组织正在健康成长，这本是对我国社会事业发展的积极探索和治理创新，但西方有媒体却欢呼雀跃，说什么在中国"看到了'冰山下茂盛的公民社会'"，认为在这个"阵线模糊、多变，双方在不断谈判、博弈和妥协中共存的动态世界里"，"NGO正在以自己的方式重新凝聚社会，并得到新一代中国人的支持"。这就应了西方的那句谚语，"饥饿的人最容易把纸团想象成面包"。西方热衷于对别国搞干预、谋颠覆的人，最容易把别国的社会组织看作他们在这些国家的策应者和代理人，对此我们必须予以高度的警惕。

一、西方"公民社会"思潮及其主张

西方"公民社会"话题由来已久，流派众多，观点纷繁复杂，在不同的历史时期呈现出不同的内容与特点。

1. 西方"公民社会"的内涵与特征

公民社会常常又被称为"市民社会"或"民间社会"。在西方思想史上，不同学派的公民社会论者对其内涵有着不同的阐释。公民社会传统可以追溯到古希腊雅典时期的"城邦政治"。在亚里斯多德的语境中，公民社会是体现城邦文明的"政治共同体"。近代契约论者则认为，公民社会是"摆脱自然状态，订立社会契约，建立国家后所进入的政治社会状态"。17—19世纪则提出了以国家和社会分离为基础的公民社会概念，并在国家与社会的关系上形成了洛克的"社会先于国家"和黑格尔的"国家高于社会"的政治主张。此后，公民社会概念曾经历了从政治国家和公民社会的"二分法"向政治国家、市场经济和公民社会"三分法"的历史演变，其内涵至今仍无定论。从表面上看，当下流行的"公民社会"理论认为："公民社会或市民社会是指围绕共同的利益、目的和价

值上的非强制性的集体行为。它不属于政府的一部分，也不属于盈利的私营经济的一部分。换而言之，它是处于'公'与'私'之间的一个领域。通常而言，它包括了那些为了社会的特定需要，为了公众的利益而行动的组织，诸如指慈善团体、非政府组织（NGO）、社区组织、专业协会、工会等等。由于他们既不属于政府的组成部门（第一部门），又不属于市场系统（第二部门），在这个意义上学者也把它们看作是介于政府与企业之间的第三部门。"

　　在公民社会论者的视界里，一般都主张公民社会具有这样几个特点：一是非官方性。以民间的形式出现，不代表政府和国家的立场。二是非营利性。将提供公益和服务作为主要目标，不把获取利润作为目的。三是相对独立性。拥有自己的组织管理机制。四是自愿性。参与成员自我选择。其中，公民社会相对于国家的独立性是公民社会的本质特征。与之相适应，公民社会论者还提出了"个人主义、多元主义、公开性、参与性和法治"等一系列价值原则。

2. 值得关注的几个问题

　　公民社会理论的历史演变不仅内容繁杂，其概念称呼也很不统一。比如，就"公民社会"而言，就有非政府组织、非营利组织、民

间组织、公民团体、中介组织、群众团体、第三部门、志愿组织等以及"社会运动"等多种符号。对公民社会思潮必须有清醒的认识：

其一，即使在西方，公民社会理论的内涵也不确定，往往是随着历史条件的变化而变动，其理论指向呈现模糊性。因此，抛开公民社会理论本身的不确定性，奢谈其在别国的"普世性"，本质上是西方国家推行其意识形态的一种重要手法。

其二，表面上，西方"公民社会"理论强调所谓"公民社会"相对于国家的独立性，强调维护个人权利与自由是国家存在的根本目的，实质上是回避人的社会属性，回避人们在一定的社会关系中形成的地位、利益追求和价值判断的不同。对此，马克思早就指出，资产阶级社会的"自然基础"是抽象的个人。西方"公民社会"思潮就体现了这一本质。其前提是：（1）个人不仅可以超阶级、超党派，而且高于它们；（2）国家、经济组织、社会等都是个人的派生物；（3）国家经济组织等本来都是个人权利的有条件转让，但包含着个人被侵犯的危险，因而必须抗争。"公民社会"就是方式之一。但迄今为止，人类社会并没有摆脱阶级、阶层的划分，不同阶级、阶层还存在利益差别和矛盾冲突。所谓超阶级、超党派的"公民社会"，依然是"资本的权利和自由至上"，骨子里依然是资产阶级的话语伪装。

其三，"文化霸权"是资本主义实行统治的重要堡垒，通过"市民社会"进行意识形态灌输是资本主义统治的重要手段。用葛兰西的话说，各国共产党人必须在文化和意识形态领域与资产阶级展开斗争，而且这种斗争是长期的，即使在政治革命取得胜利以后仍然必须进行下去。

■ 二、当代西方"公民社会"思潮的实质及其影响

"公民社会"与西方国家的政治、历史和文化传统紧密相连，有着深刻的资本主义历史文化传统和制度背景。近现代公民社会理论是在市场经济兴起和资产阶级作为新的政治力量登上历史舞台的背景下形成，在资本主义制度建立后逐渐成熟起来的。

客观地讲，在国家、政府与公民个人之间，需要各式各样的社会组织和中介机构来承担协调职能。一方面，国家和政府不是万能的，不能包办一切；另一方面，公民个人的利益和行为是分散的、碎片化的，如不加以组织化引导必将失控。但是，资本主义经济的基础是私有制，资产阶级在经济上占有统治地位，这就决定了资产阶级在政治上必然占统治地位，资产阶级的民主也必然意味着为私有制和资产阶级服务。它实质上所体现的是一种不平等权利，只是少数富人的平等权利，而不是广大民众的平等权利。因此，必须看到西方"公民社会"思潮背后的实质，西方国家正是借助"公民社会"这一理论，利用中国社会转型时期公共服务与公民需求之间的不对称，来夸大社会组织的重要性，弱化执政党权力的合法性，进而攻击中国特色社会主义的政治架构。

1. 把政治理论包装成政治工具

当前，在全球化的掩饰之下，西方国家渗透与控制意识形态的手段和特征呈现出新的态势。作为一个政治理论，公民社会也被西方反华势力别有用心地包装为政治工具，成为其向中国实施"西化"的重要手段。主要表现为：

第一，借公民社会理论，宣扬西方政治理念，借机输入西方

的意识形态和价值观。以美国为首的西方发达国家宣称，在中国建设公民社会是保障个人权利的前提，是实现宪政民主的基础。为达到这一目的，西方国家进行了精心准备，这一点可以从美国外交事务委员会所提供的报告《赢得冷战：美国的意识形态攻势》得到佐证。报告重点指出："在外交事务中，有些目标通过直接和外国的人民接触能够比和他们的政府接触更好地达到。在今天，通过通讯技术和工具中介，有可能接触到其他国家人口中重要而富有影响力的那部分人，从而给他们传达消息，左右他们的态度，甚至能成功地促使他们采取某些果敢的行动。然后这些团体就有能力对他们的政府施加相当大的影响。"此外，还有文章报道，1998年美国国会众议院专门举行了一次关于如何在亚洲促进民主的会议，会议大部分时间用于讨论如何在中国促进"民主"。

美国当权者和智囊人士认为，演变中国要靠三条渠道：一是促进中国经济体制改革，因为他们认为经济体制的变革必将影响政治体制的改变，以及意识形态和价值观的改变；二是通过正常的外交活动，或以合作方式或以施压办法（如人权问题）使中国慢慢向西方制度靠近；三是利用各类非政府组织在中国的活动，宣扬"民主"思想并促进中国国内非政府组织的发展。譬如，美国的很多非政府组织都有其政治背景，他们到包括我国在内的一些发展中国家，以资助办学、技术培训、医疗救助、合作搞科研、讲学等名义，进行美国人权观、价值观的思想渗透，支持反对派和持不同政见者。

2012年2月28日，《环球日报》曾发表多名记者撰写的标题为《美国1.5万NGO撒在全世界，成为"推动民主"的工具》的文章，列举了前印度总理辛格抨击美国非政府组织"操纵印度民意"，给印度核电站建设制造障碍的实例。辛格指出，"美国非政府组织就是这些活动的'幕后黑手'"。文章强调，当前实际上在许多转型国家或发展中国家，有"外国背景"的NGO越来越活跃，而且热衷于掺和政治。文章还引用了英国《经济学家》的评价，"尽管从'非政府组织'名词的表面含义看，NGO应该独立于政府，但只要看看它们的资金来源，就知道，这些机构几乎都是'特定政府的傀儡'"。

第二，将公民社会视为在中国推进政治民主的"良方妙药"，加强对各种非政府组织的培育，搞各种各样的所谓"公民行动"。美国现有各类非政府组织100多万个，分散在政治、经济、文化、体育、卫生、宗教、科技等各领域，它们的对外名称一般为：基金会、研究所、中心、商会、学会、公司、教会。除部分是完全独立于政府的民间组织外，许多非政府组织与政府有着千丝万缕的关系，成为政府实施对外政策的工具。

自上世纪80年代开始，为了有效地服务于美国资本的全球化，美国情报机构就以民间组织的名义大规模对外输出其特定的意识形态，即实现美国自由主义经济学和法学的全球化。如全国民主基金会，就是根据里根总统1983年的"民主计划"倡议，并经国会批准建立的。这个基金会的宗旨为："帮助非民主国家和'封闭国家'（社会主义国家）的'民主人士'和'不同政见者'开展'民主运动'"。尽管该基金会不对中国政府进行公开对抗性活动，但其每年都直接向"藏独"、"疆独"、"民运"等中国境内外敌对势力和组织拨付大量款项，提供资金支持。从1987年开始，由福特基金会资助的全球性比较宪政研究，其主要意图就是推动全球范围的宪政化进程。

再如，1979年在巴黎成立的"记者无国界"组织就标榜"维护记者人权，维护新闻自由"。他们把自己美化为"为新闻自由而斗争"的非政府组织，但是实际上却接受美国中央情报局以及美国全

2008年4月7日，北京奥运火炬接力在巴黎克服干扰完成传递。

国民主基金会、"台湾民主基金会"、索罗斯基金会和古巴自由中心等其他反共、反华机构的经济资助。一个不容争辩的事实是，"记者无国界"组织长期与"藏独"、"台独"等民族分裂势力以及其他反中国政府的非法组织相互勾结，不仅连篇累牍地发表文章，污蔑中国没有人权和新闻自由，而且蓄意制造种种麻烦，干扰破坏2008年在雅典举行的奥运圣火点燃仪式，并在巴黎、伦敦等地组织抗议示威，围堵奥运圣火传递。因此，它是一股抱着顽固政治偏见、对中国人民充满敌意、企图阻止中国和平发展的势力。

★ 知识链接

埃及《金字塔报》2012年2月26日晒出美国NGO对埃及的一些主要非政府组织资助的具体金额，如国际共和研究所2200万美元，全国民主研究院1800万美元，自由之家400万美元等。该报称，这些组织虽然美其名曰"非政府组织"，但是有深厚的政府背景。它们都是美国的所谓"监督海外选举和促进外国民主"的工具。在埃及革命期间，美国全国民主研究院一直帮助埃及一些反对派起草政党纲领，制定选举战略以及为候选人编写训练手册等。该组织董事会主席是前国务卿奥尔布赖特。

第三，美化"公民社会"的"民主"功能，利用国际"公民社会"力量进行渗透和"西化"。西方敌对分子鼓吹的"公民社会"理论，其政治实质是非常清楚的。在中国宣传"公民社会"思潮，就是否定党的领导，宣传个人主义价值观，否定社会主义主流意识形态。他们把共产党领导建立的中国污蔑为"臣民社会"，要代之以所谓的

"公民社会"。在进行宣传时，为扩大社会影响面，故意美化"公民社会"，刻意强调"公民社会"在组织和教育公民进行政治参与、改善国家制度和公共政策、推动国家有效治理以及民主、自由、平等等基本价值的实现等方面的功用，诱发人们对建立"公民社会"的种种"偏好"，帮助建立各种各样的"非政府组织"。然后，借助这些组织煽动"民主"运动，以此达到动员群众、积蓄力量，最终实现中国政治和社会全面"转型"的企图。例如，2006年8月29日至9月5日，美国的"自由亚洲电台中文网"以"中国维权运动和公民社会发展"为题接连做了四期节目，鼓吹海外"民运"与国内"维权"结合，称赞"维权活动"就是营造"公民社会"的一种持续努力，"这种抗争累积到一定程度就会出现转折，前面就是一马平川了。"

在2011年的埃及骚乱背后，美国NGO组织异常活跃。（新华社发）

2. 混淆社会主义民主与资本主义民主的社会基础

在"公民社会"理论看来，"民主依赖于一个壮大的市民社会"，"一个充满活力的公民社会，不但提高了民主政治的责任能力，而且提高了民主政治的代表性和生命力。"倡导"公民社会"对于推进民主的关键作用，是"公民社会"理论的核心主张。他们强调非政府组织的独立性，突出"公民社会"与国家的对立关系，主张"公民社会"是实现民主的前提条件。

其实，这些主张完全异于社会主义民主政治建设的内在机理。中国特色社会主义民主制度是中国共产党以马克思主义为指导，从中国的国情出发建立的。在建设社会主义民主政治制度的进程中，并不存在西方式的"国家与社会对立"，也没有"所谓的"社会不信任与防范政府的立场和态度，以及权力分设，以权力制约权力的制度环境。相反，在社会主义国家，人民信任和支持政府，实行议行合一、既民主又集中的政治制度，实现了人民利益和国家根本利益的一致，国家权力既有广泛的民主基础，又能体现民主和效率兼得的原则，集中有效地处理重大国事。

在我国，人民是国家的主人，一切权力属于人民。广大人民群众有权管理国家事务，有权对党和各级党员干部实行监督。在政治、经济、文化各方面，各族人民都平等地享有广泛的民主自由权利，并享有法律的、物质的保证。国家的立法、司法、行政有必要的分工，但都是在党的领导下相互协调地进行工作，不同于资产阶级国家的"三权分立"制度。显然，中国特色的社会主义民主政治从一开始就不具备西方资产阶级所倡导的"国家与社会对立"的基础，而是从中国的实际出发，走了完全不同的路径。

"公民社会"的主张并没有什么新意，只不过是"西方民主观"的一个变种，说到底，就是否定我国的社会主义民主政治，照搬西方民主的模式，从根本上混淆社会主义民主与资本主义民主的社会基础。

3. 企图瓦解中国基层民主自治制度的基石

基层民主是政治文明建设不可或缺的组成部分。"村民自治"

和"城市社区居民自治"，是我国基层社会组织中实行的广泛自治和直接民主制度，也是中国基层民主自治制度的重要基石。

村民自治，简而言之就是广大农民群众直接行使民主权利，依法办理自己的事情，创造自己的幸福生活，实行自我管理、自我教育、自我服务和自我监督的一项基本社会政治制度。村民自治的核心内容是"四个民主"，即民主选举、民主决策、民主管理、民主监督。民主选举，就是按《中华人民共和国宪法》、《村民委员会组织法》和各地的《村民委员会组织法实施办法》、《村民委员会选举办法》等法律法规，由村民直接选举村委会干部。村委会由主任、副主任和委员三至七人组成，每三年换届一次。民主决策，就是按照有关法律规定，在农村设立村民会议或者村民代表会议，研究决定村中大事和群众共同关心的问题，按照多数人意见作出决定。村民会议是本村村民参与最多、规模最大的会议，能够最直接、最全面地表达村民的利益和愿望，也是村民自治组织中最高级、最完善、最有权威的组织形式。民主管理，就是发动和依靠村民，共同管理村内事务，维护村内秩序。民主管理主要体现在两个方面：一是通过村民会议或者村民代表会议，让村民就村内事务发表意见并直接参与管理；二是依据党的方针政策和国家法律法规，结合本地实际，制定村规民约或村民自治

★ 知识链接

新中国成立以来，在中国共产党的领导下，逐步创立了人民代表大会制度、共产党领导的多党合作和政治协商制度、民族区域自治制度和基层群众自治制度。

章程，让村民和村干部自我约束、自我教育、自我管理。民主监督，就是村民通过一定方式行使监督村中重大事务，监督村委会工作和村干部行为的权利。村务公开是民主监督的主要形式，贯穿于村民自治的整个过程。凡是村里的重大事项和群众普遍关心的问题，都要实行村务公开。"城市社区居民自治"的主要内容，也体现在民主选举、民主决策、民主管理、民主监督四个方面。据不完全统计，目前全国农民的平均参选率在80%以上，有的地方达90%以上，全国80%以上的村庄制定了村民自治章程和村民规约，建立了民主理财，财务审计、村务管理等制度。

在党和政府的领导下，我国村民自治不断完善和发展，城市居民自治的基础越来越雄厚，已成为基层群众自治的重要组成部分。实践证明，村民自治和城市社区居民自治的发展，是中国共产党领导中国人民发展中国特色社会主义民主政治的创举。实行城乡基层群众自治，极大地激发了广大人民群众当家作主的积极性、创造性和责任感，掀开了中国基层民主政治建设的新篇章。

"公民社会论者"否认我国村民自治所取得的巨大成就，无视我国村民自治的特色与现实状况，只是简单地从概念出发，把"村民自治"等同于西方的"公民社会"，其理论逻辑无非是建立在以下基础之上：第一，村民自治是农民自发产生的，具有相对独立的社会自治领域；第二，村民委员会是相对独立的非营利性组织；第三，村民自治组织——村民委员会具有自愿性、自主性、民间性等"公民社会"的特征。"公民社会论者"这种"等同"或"替代"的做法，是一种典型的用"公民社会"理论来任意剪裁我国村民自治的伎俩。

尽管我国的村民自治有着民主选举、自治等因素，但与"公民社会"理论的"自治"完全不同，这突出表现在以下两方面：首先，"村民自治"的内容高度统一。其中，民主选举是村民自治的基础，民主决策是村民自治的核心，民主管理是村民自治的关键，民主监督是村民自治的保障。这四个方面相辅相成，构成一个统一的整体，割裂任何一个方面，都会对村民自治造成极大的危害。其次，"村民自治"不是限制政府，更不是与政府对立，相反，是在政府主导和推动下进行的，双方的利益是统一的，并不存在"公民社会"理论所言的社会与政府并立与制衡的问题。因此，"村民自治"与"公民社会"二者之间不存在简单的因果关系，更不能画等号。

总之，"公民社会"理论用西方的理念和标准评判中国的事务，他们从"国家与社会对抗"的假设出发，否认中国共产党在推动基层民主进程中的积极作用，怀疑民众的参政议政能力，看不到村民自治和城市社区居民自治的极大合理性，企图用"公民社会"彻底置换我国的基层民主自治制度。

4. 用"公民社会"策略鼓吹煽动"天鹅绒革命"

从20世纪90年代开始，借苏联解体和东欧剧变之机，美国千方百计地向东欧和中亚国家输出其民主制度。早在1989年，捷克斯洛伐克就发生了"天鹅绒革命"。2003年11月，格鲁吉亚又爆发"玫瑰革命"。以此为开端，一场被各国政界与媒体尤其是西方媒体统称为"颜色革命"的社会风波席卷而来。这场以"街头政治"为主要表现形式的"革命"浪潮，由高加索蔓延至中亚地区，多国政局或更迭或动荡，无论是对国内局势还是对中亚地区的国际战略走向均产生了深远的影响。

捷克斯洛伐克的"天鹅绒革命"，是指东欧剧变时，没有经过大规模的暴力冲突就实现了政权更迭，如天鹅绒般平和柔滑，故得名。"天鹅绒革命"也成为非暴力的通过和平方式更迭政权的代名词。"颜色革命"基本上属于"天鹅绒革命"类型。

无论从理论角度还是从现实条件来看，"颜色革命"的产生，主要在于当事国的国内因素。但是，我们也要清醒地看到，这一切与外部势力尤其是西方国家的民主渗透密切相关。其中，"公民社会"的身影也隐匿其中。美国国会在2005年3月通过的"推进民主法案"明确表示，其责任就是促使那些"表面上允许反对党、公民团体和新闻自由的存在，但事实上却对其进行种种限制的'部分民主国家'向'完全民主国家'转变"。正是因为美国在中亚地区的长期经营与民主渗透，"颜色革命"才会瞬间在中亚地区"攻城略地"。在"颜色革命"中，"公民社会"所担当的角色主要有以下几个方面：

首先，利用非政府组织的掩护，传播西方价值观。"冷战"结束以来，西方国家通过办学和资助留学等方式，扩大与中亚国家的人文交流，努力吸引中亚地区优秀的年轻人赴美国等地留学，借此向青年人灌输西方价值观，并在青年学生中培养亲西方势力和亲美政客。早在1983年，在里根总统的倡议下，美国就建立了既非商业组织也非政府组织的全国民主基金会，其任务就是利用国会的巨额拨款，帮助在亚洲、非洲、中东、东欧和拉美建立民主机构，进行传播美国民主的活动。以吉尔吉斯斯坦为例，美国政府曾出钱资助建立了吉尔吉斯斯坦美利坚大学，该大学宣称其使命就是推动建立"公民社会"，为留学生和非政府组织领导人去美国留学提供资金，用美国的意识形态和价值观念教育与培养"公民社会"的人才。财力的支持、精心的组织准备和长期的西方思想、价值观念的渗透，使得吉尔吉斯斯坦无法逃避"政权更替"的结局。

其次，以非政府组织为核心，通过串联、秘密活动等方式，酝酿"颜色革命"的基本力量。在"颜色革命"中扮演重要角色的所谓非政府组织——美国的"索罗斯基金会"，它在乌兹别克斯坦成立"开放社会学院"的公开任务之一就是"推动公民社会的发展、为两国交流项目提供资金"，吸引和培育大量的自由派学生、非政府组织领导人、亲美的"社会精英"和反对派领导人，并邀请他们赴美接受深造，使其回国后成为美国在中亚的"民主先遣队"和反政府的中坚力量。截至2005年中亚地区"颜色革命"爆发前夕，吉尔吉斯斯坦参加赴美交流计划的有2700人之多。仅2004年一年，美国政府在学术和专业交流项目上资助的赴美留学的吉尔吉斯斯坦公民就达330名。

再次，花重金建立或资助非政府组织，充当"颜色革命"的大本营和指挥部。用经济援助的办法支持中亚国家大力建设"公民社会"，进行所谓"政治民主改革"。美国等西方国家通过将援助大力向中亚各国非政府组织或基金会倾斜，扶植地方反对派，以深化其民主改造战略。一方面，中亚各国迫于西方的政治与经济压力，纷纷对本国政治制度进行民主化改革；另一方面，美国连同欧洲一些国家亲自插手，不断加快非政府组织在这些国家的发展进度。据统计，截至2005年8月，全球共有2914家非政府组织在中亚注册，其中吉尔吉斯斯坦最多，有1010家，乌兹别克斯坦有472家，哈萨克斯坦有699家，塔吉克斯坦有595家，土库曼斯坦有138家。其中活跃在中亚地区较大的非政府组织和基金会，包括美国民主党资助的国家民主研究所、美国共和党资助的国际共和研究所、自由之家、索罗斯基金会、全国民主基金会等。这些组织大多参与政治活动，如帮助中亚国家成立形形色色的政治组织，从事"基层民主工作"以及策动各种反政府、反总统、反亲总统政治派别的活动。

综上所述，"颜色革命"中，非政府组织的活动起到了巨大的煽动作用，这对中亚国家、俄罗斯以及中国在内的有关国家有着深刻的警示意义。随着苏东剧变和中亚国家的转型，西方国家把矛头重点转向中国，美国花巨资支持中国国内所谓的"民主派"，暗中资助或培育非政府组织，以"公民社会"的名义，利用非政府组织的掩护，作为在中国传播与渗透美国文化和民主政治理念的有效工具。"借助非政府组织的力量，既不用背上干预别国内政的包袱，又达到了动摇发展中国家政府执政的基础的目的"，这一点"颜色革命"已给出充分证明。对此我们要有清醒的认识。

三、"公民社会"思潮对我国社会的渗透

20世纪90年代以来，伴随着经济全球化和我国各领域改革的加快推进，境外非政府组织的渗透工作力度不断加大。仅以美国为例，它在中国的非政府组织数量就达在华境外非政府组织总数的38%。形形色色的非政府组织实力日益增强，其政治触角也由围绕我国的台湾、新疆以及西藏等问题开展颠覆活动，开始向中国的基层民主选举、国内的群体性事件等方面延伸。如果任由境外非政府组织在我国蔓延不加限制，势必会对我国社会和基层民主政治建设构成严重的威胁，并进而危害到我国政权的稳固。这突出表现在以下几个方面：

1. 企图介入我国基层民主选举

非政府组织在"颜色革命"中有一个"屡试不爽"的良方，

那就是以推进"民主改革"为名，从深入最基层对"草根"群体开展基础性思想工作做起，然后帮助基层群众建立各种各样的社会组织，进而借助这些组织开展"民主运动"。毫不例外，为行之有效地介入我国基层民主选举，这一"惯用手段"再次得到运用。对具有中国特色的基层民主自治制度，他们表现出浓厚的"兴趣"。从20世纪90年代开始，一些境外非政府组织逐步开始"渗透"。譬如美国国际共和研究所于20世纪90年代初便介入我国基层选举（村民选举）之中。美国另一著名的国际非政府组织"卡特中心"从1996年也开始参与到我国农村基层的选举中，并对我国基层的选举提供程序化支持。此外，美国全国民主研究院等也对我国基层选举有所介入。非政府组织参与我国基层民主选举的主要形式有：观察我国的基层选举，提供法律和程序的修改意见，提供和参与培训项目，邀请我国学者和官员到国外考察以及资助和培养所谓的"独立候选人"，等等。据报道，在村民自治选举中，美国国际共和研究所小组的成员观察了福建的村民选举过程（1994年和1997年），提出12条改善选举的建议；卡特中心则观察了村民选举的所有过程，派遣观察团跋涉中国的6个省和1个直辖市（福建、湖南、河北、辽宁、吉林、山东和重庆），观察分布在这些省市的55个村庄，并针对选举程序提出包括加强措施保证选举的秘密性和独立性、禁止或尽量减少"流动票箱"、健全委托投票的规则、提高计票的透明度等多条意见。从表面上看，这些"观察"和"意见"似乎是为了更好地帮助我国改进和完善基层民主选举制度，但实际上，这依然是在援助的"外衣"下传播西方的选举制度、选举方式和竞选方法，最终达到其向普通民众推销西方民主价值观念的目的。揭开这些非政府组织的"面纱"，便可管窥一二。美国国际共和研究所和卡特中心等非政府组织大多数总部设在美国，资金主要来自政府支持。如国际共和研究所的资金主要来自美国全国民主基金会，因此其价值取向自然与基金会有一致性，经常承接中央情报局的项目，是美国在"冷战"时期向苏东地区积极推进所谓民主的"马前卒"。这些非政府组织的高层人士大多是国会的政客。卡特中心即由前民主党参议员山姆·南恩和前美国驻韩国大使吉姆斯·雷内创办。他们与美国政界密切联系，其思想观念和活动不可能保持中立。前些年，他们宣称以中立的身份来中国，辅助农村地区进行村民自治改革，实际上他们的活动具有浓厚的西方民主价值观的色彩。

美国中央情报局（简称中情局，英文简称CIA），美国最大的情报机构。根据美国"国家安全法"的规定，于1947年9月18日成立。总部设在弗吉尼亚州的兰利。中央情报局的主要任务是公开和秘密地收集与分析关于国外政府、公司和个人，政治、文化、科技等方面的情报，协调其他国内情报机构的活动，并把这些情报报告到美国政府的各个部门。它也负责维持大量的军事设备，这些设备在"冷战"期间用于推翻外国政府和对美国利益构成威胁的反对者。

2. 以"维权"为名插手群体性事件

近些年来，随着我国经济转轨和社会转型，由人民内部引发的各类群体性事件增多。这本来属于人民内部矛盾，是非对抗性、非政治性的。但是，在群体性事件发展过程中，一些境外非政府组织专门派人入境或操纵国内重点人，以帮助"维权"为名，频繁插手国内群体性事件。境内敌对分子也乘势而起，双方里应外合，借助媒体大造舆论，故意在群众中进行歪曲、煽动、蛊惑，甚至向境外提供虚假信息，恶意炒作，挑唆、组织甚至操纵群众进行跨地区串联、大规模上访，蓄意将群体的不满情绪或经济诉求引向对党和政府、国家政治制度的不满和攻击，促使矛盾激化、转化，乘机掀起"街头政治"运动。在这些群体事件背后，境外非政府组织在我境内实施的渗透破坏活动，几乎与"颜色革命"中非政府组织采用的方式如出一辙。

3. 在基层培养"民主运动"的反对势力

"竭力寻找并会见民主运动的活动家，竭力寻找要求人权的人们"，一直是非政府组织在他国寻求代理人的重要政治企图。改革开放以来，随着我国社会主义市场经济的发展，社会力量、角色群体的日益活跃，独立自主的社会组织和机构不断涌现。据民政部统计，截至2013年底，我国在民政部门注册的社会组织约54.7万个，其中社会团体28.9万个，民办非企业单位25.5万个，基金会3549个。这些社会组织是在党和政府的支持下成立的，在教育、科技、文化、环保、卫生和慈善等社会公益领域发挥了重要作用。

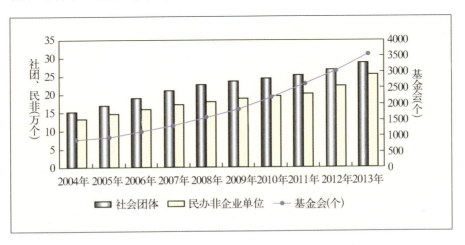

需要说明的是，受制于主客观条件的限制，当前我国的社会组织管理还不够规范，社会组织的法制化程度、组织内部管理的科学化程度还不尽如人意，部分社会组织在资金来源方面严重不足，生存能力较弱，甚至还有一些宗教极端力量、少数民族分裂势力最初也是以民间组织的形式进行所谓的"合法活动"，期待在国际上博取同情和捐助。这种背景为非政府组织卖力地在我国培植亲西方的民间组织提供了契机。如美国福特基金会就把援助在华建立"公民社会"作为主要目的。其宗旨为，"提高致力于和平与社会公正的公民组织的影响力，加强支持它们的慈善社会团体，鼓励公民监督公共及私有部门"。1988年福特基金会在北京设立办事处，根据福特基金会网站公布的资料，福特基金会在中国的资助总额达到了2.75亿美元。此外，索罗斯基金会、美国全国民主基金会等一批在"颜色革命"中扮演重要角色的境外非政府组织，已经通过各种渠道进入我国，其活动领域逐步拓展，对国内各种社会组织援助的范围不断拓宽。

◎ 观点选萃

当前，一些人对国外社会管理的认识有两个误区：一是"小政府、大社会"，似乎大量的社会管理应该由社会负责。实际上，发达国家并非都是"小政府、大社会"，不少大国都是"大政府"，政府承担着社会管理的主要任务。二是社会组织属于"第三部门"，似乎独立于政府的社会管理体系之外。实际上，国外绝大多数非政府组织都有政府背景，都在政府的有效管理之下。

当前非政府组织介入我国基层政治领域的种种迹象表明，非政府组织在"颜色革命"中惯用的手段和方式，已然"侵入"我国政治生活，已成为向我国输出西方价值观、侵蚀我党执政基础的有效武器。尽管非政府组织还没有从根本上触及我国的核心利益，但我们必须充分认清其将带来的可能后果及发展趋势，采取切实有效的措施，坚决按照党的十八届三中全会提出的"坚持系统治理，加强党委领导，发挥政府主导作用，鼓励和支持社会各方面参与，实现政府治理和社会自我调节、居民自治良性互动"的部署要求，依法加强对境外非政府组织进入我国及其相关活动的管理。只有这样，才能维护国家安全。

■ 四、坚持走中国特色的基层民主建设道路

"公民社会"原本是西方学者用来分析西方社会的一个政治理论工具。但是，当它被用来分析、考察中国社会的时候，就有了特定指向和具体含义。从根本上说，"公民社会"理论与我国的基层民主自治制度有着本质区别。

1. 不断完善中国特色基层民主的治理模式

"公民社会"的治理模式主张个人主义，认为国家是为了保护与增进个人的权利和利益而存在的。从"公民社会"治理模式可以看出，其核心内容主要是围绕"公民社会本身、个人自由、公民参与"这三个范畴展开的。其政治主张，通俗地说，就是一个独立于国家并具有抗争和制衡力量的社会，是一个完全能够自主、自治、能动的社会，是解决现代社会问题的一剂良药。

与西方的历史传统不同，历史上的中国，国家和社会处于同构状态，国家覆盖了社会，社会淹没于国家当中，传统中国并不存在独立的"社会领域"。中国独特的文化传统、独特的历史命运、独特的基本国情，决定了我们必然要走适合自己特点的政治发展道路。受中国国情以及中国特色社会主义的经济、政治、文化制度的

规制，我国基层群众自治制度从一开始产生就呈现出与西方"公民社会"不同的路径。我国基层自治的产生既有推进基层民主的目的，又有完善国家基层治理的政治意图，它体现了"自下而上"与"自上而下"的结合，二者是高度统一的。基层民主的治理模式呈现出鲜明的中国特色：

第一，坚持以社会主义公有制为基础。在我国，社会主义生产资料公有制保证了社会主义民主是最大多数人的民主。发展社会主义基层民主的根本目的，是巩固和维护人民当家作主。基层群众自治不仅是"自我管理、自我服务、自我教育、自我监督"，而且强调"民主选举、民主决策、民主管理和民主监督"的原则。多年来，在推进基层民主发展的进程中，党和政府始终以最广大人民群众的要求为出发点和落脚点，民主建设的许多环节都是围绕人民群众最关心、最直接、最现实的利益问题来开展的，以保障广大人民享有更多更切实的民主权利。

第二，坚持政府的主导性。一方面，基层自治的主体是广大基层人民。实行直接民主，由基层群众自己依法管理自己的事务，这是基层自治和现代基层治理的核心价值。村民委员会与居民委员会不是一级政权，其性质是一种群众自治性组织，是群众实施基层自治，进行自我管理、自我教育、自我服务的工具；另一方面，在推进基层自治活动中，政府起到了至关重要的作用。政府通过立法手段规范和支持村民自治活动，使这样一种管理模式真正付诸实践。在村民自治活动的具体实践中，政府发动村民积极参与，广泛宣传《村民委员会组织法》，举办各种培训班，制定一系列地方法规和各种政策、操作细则等，既有人力方面的大量投放，也有财力方面的多方资助，保证村民自治工作的顺利实施。

—（（原声再现

　　我们要坚持和完善基层群众自治制度，发展基层民主，保障人民依法直接行使民主权利，切实防止出现人民形式上有权、实际上无权的现象。我们要坚持和完善民主集中制的制度和原则，促使各类国家机关提高能力和效率、增进协调和配合，形成治国理政的强大合力，切实防止出现相互掣肘、内耗严重的现象。

　　——2014年9月5日，习近平总书记在庆祝全国人民代表大会成立60周年大会上的讲话

　　第三，坚持"依法治国"方略。依法治国是我们党领导人民治理国家的基本方略，也是发展基层民主必须坚持的重要原则。基层民主政治实践的制度化、规范化和机制化，是民主政治建设的内在需要，相关法制和政策既是完善基层民主制度框架和行为规范的重要依据，也是基层民主政治建设有效运转的重要保障。只有通过法律保障基层群众的民主活动，推进权力授予由政府行为转化为群众自己的行为，才能使基层群众自治从"形式民主"最终走向"实质民主"。近年来，我国不断健全和完善基层人民代表大会制度、村民（居民）民主自治制度、社会团体的民主管理制度等，在加强选举、检举、罢免等民主机制建设的同时，进一步强化基层民主监督制约功能，加强保障基层民主的法规建设，建立健全与基层群众自治相适应的利益协调机制、诉求表达机制、矛盾调处机制、权益保障机制，构建形成针对基层民主政治建设发展中保障基层群众权利的法律救助体系。

发展基层民主。畅通民主渠道，健全基层选举、议事、公开、述职、问责等机制。开展形式多样的基层民主协商，推进基层协商制度化，建立健全居民、村民监督机制，促进群众在城乡社区治理、基层公共事务和公益事业中依法自我管理、自我服务、自我教育、自我监督。健全以职工代表大会为基本形式的企事业单位民主管理制度，加强社会组织民主机制建设，保障职工参与管理和监督的民主权利。

中共中央关于全面深化改革若干重大问题的决定

——2013年11月12日，中国共产党第十八届中央委员会第三次全体会议通过的《中共中央关于全面深化改革若干重大问题的决定》

2013年12月15日，南通崇州区文峰街道城南社区居委会换届选举现场

第四，坚持循序渐进、稳步推进。实现民主需要具备相应的经济、文化和政治条件，不同的实际条件决定了推行民主的时机和速度，以及选择民主的方式和制度。党的十八大报告指出："政治体制改革是我国全面改革的重要组成部分，必须继续积极稳妥推进政治体制改革，发展更加广泛、更加充分、更加健全的人民民主。"改革开放以来，随着农村经济体制的改革和市场经济的推动，农民作为市场经济主体，其政治参与热情趋高，党和政府及时引导，村民自治得到不断完善和发展。我国基层民主自治建设始终尊重我国的历史与现实，坚持与社

会发展步伐相适应，与经济社会发展水平相适应，与基层民主发展意识相适应，坚持循序渐进、稳步推进的办法，取得了巨大成就。

　　综上所述，我国的基层民主自治在党的领导下进行，在治理内容上是自治的，在治理方式上是"自上而下"与"自下而上"的结合。基层民主自治既满足了基层群众的民主需求，也满足了国家稳定基层社会秩序和治理的需要，因而受到人民群众的高度认同和普遍欢迎，从而上升为国家的一项正式制度安排。这与西方"公民社会"的治理模式完全不同。

2. 建设坚强有力的基层党组织

　　西方"公民社会论者"反对国家对"公民社会"的压制和干预，反对国家职能的过分扩张。其根本缺陷在于：抛开国家的领导，容易导致极端个人主义，并由此带来社会生产和组织的无序。"资本主义有政党、有民主、有法治，却没有真正和谐统一的民主政治"。"公民社会"的论点并不神秘，其目的就是要在当前的中国，在"公民社会"名义下培育发展一个与政府抗争的、对立的社会，最终形成政治对抗力量，这一点必须引起我们的高度重视。坚持党的领导是中国基层民主制度建设的基本经验。中国特色社会主义民主和西方民主最大的区别，就是坚持中国共产党的领导，而不是脱离、取消或者代替党的领导。习近平总书记指出："坚持把党的领导、人民当家作主和依法治国有机结合起来，符合我国国情，集中体现中国特色社会主义的特点和优势，是中国发展进步的根本制度保障。"

第一，坚持党的领导是基层民主建设的"关键所在"。中国共产党的领导是人民当家作主和依法治国的根本保证。只有加强党的领导，基层民主才有正确的方向，才有规范的秩序，才有可靠的政治保障。我国基层民主发展的历程证明，基层民主自治制度是广大人民在党的领导下寻找到的符合我国基层现状的民主制度，基层自治制度的演变历程从来就没有离开过党的领导，正是在党的领导下，我国基层民主自治制度才不断地走向完善，不断地适应日益变化的基层经济社会发展现状。

第二，基层党组织是基层民主建设的"战斗堡垒"。我们党的基层组织分布在企业、农村、机关、学校、科研院所、街道社区、社会团体、社会中介组织、人民解放军连队和其他基层单位。尽管这些基层单位的工作性质、领导体制有所不同，党的基层组织的具体职能、工作方法也不完全一样，但都是党在社会基层组织中的战斗堡垒，都要担负起宣传和执行党的路线方针政策的重要职责，都要团结与组织党内外干部和群众努力完成本单位的工作任务。改革开放以来，我国基层民主自治成长与壮大的实践表明，党的基层组织的这种"堡垒"作用，是党的领导在社会基层组织中的具体体现，是其他任何社会组织都无法替代的。

第三，基层党组织是基层民主建设的"桥梁纽带"。与西方"公民社会"组织所谓的"独立"和"自由"不同，我国的村民自治离不开基层党组织的这种"桥梁"作用。基层党组织广泛分布于各个领域、各个行业，基层党员既有自己的具体利益和诉求，又对群众的利益要求和愿望有着最直接、最真切的感受和了解，是正确反映和兼顾不同方面利益的调查员、信息员和协调员。基层自治的产生，就是因为基层党组织及时观察到群众自我管理、自我服务新的组织形式，经过各级党和政府总结经验，加以推广提高，才逐步演变成基层群众的自治组织。加强基层民主建设，必须充分发挥基层党组织长期以来在群众中形成的亲和力、凝聚力和桥梁纽带作用，统筹协调各方面资源与力量，引导和支持人民团体、基层群众性自治组织、企事业单位参与民主建设。

---《 原声再现

　　"天视自我民视，天听自我民听。"要坚持把实现好、维护好、发展好最广大人民根本利益作为一切工作的出发点和落脚点，我们的重大工作和重大决策必须识民情、接地气。要以人民群众利益为重、以人民群众期盼为念，真诚倾听群众呼声，真实反映群众愿望，真情关心群众疾苦。要坚持工作重心下移，深入实际、深入基层、深入群众，做到知民情、解民忧、纾民怨、暖民心，多干让人民满意的好事实事，充分调动人民群众的积极性、主动性、创造性。

　　——2014年9月21日，习近平总书记在庆祝中国人民政治协商会议成立65周年大会上的讲话

　　第四，基层党组织是确保基层民主政治沿着社会主义方向前进的"根本保证"。一方面，加强党在基层的组织建设，可以有效

常州中意社区社区议事园

地强化党对基层事务的领导和参与，在保障基层群众自治功能健康发展的同时，保障国家对社会的有效协调。另一方面，党的基层组织是基层群众自治发展的重要政治力量。尤其是在当前复杂的形势下，随着市场经济的推进、各种新阶层的出现，自治组织与自治活动要求健康发展，就需要有一个主导性的力量，否则基层自治就会变成无序的民主，或被宗族势力和社会恶势力所控制，进而演变成破坏基层社会稳定、阻碍基层改革发展的异己力量。因此，基层群众自治的发展需要党的基层组织有效发挥政治引领作用。

3. 鼓励和支持社会组织参与社会治理

改革开放以来，我国各类社会组织得到了空前的发展，社会组织自身的发展及其在社会管理和社会服务中的作用，有利于我国政府职能的进一步转变，对促进经济社会的发展和进步有着重要的现实意义。

第一，充分发挥社会组织在参与社会治理中的作用。随着我国经济社会的发展和行政体制改革的深入，培育和推动社会组织参与社会治理，已成为深化社会管理创新的基本趋势。党的十八大首次提出要在2020年实现全面建成小康社会的宏伟目标，并将中国特色社会主义事业的总体布局由"四位一体"发展成为"五位一体"。社会建设是"五位一体"总体布局中的重要内容，社会组织是社会建设和管理的主体之一。在基层民主建设中，社会组织参与社会治理有利于不同群体实现自己意愿、维护自身权益，为人民群众理性表达利益诉求、合理维护自身权益、有序扩大政治参与提供了重要的组织渠道，推动着基层民主的发展。

　　第二，努力为社会组织参与社会治理提供条件保障。培育和扶植社会组织参与社会治理，首先是要完善相关法律制度体系建设。进一步修订、完善现行的行政法规，制定颁布推进社会组织发展与管理的专项法规，形成分类发展和监管的行政法规体系，加大相关领域已出台的法规政策的落实和执行力度，为社会组织参与治理提供制度空间。其次，围绕基层社会治理需要，研究制定政府扶持社会组织发展的相关政策，出台政府委托社会组织服务的制度，以扶持发展为前提，建立健全社会组织税收等相关法规政策。第三，加强对社会组织参与社会治理的舆论引导，为社会组织参与社会治理提供良好的社会舆论氛围。有效扩大社会组织的发展空间，全面提高社会组织参与社会治理的能力。

　　第三，规范和引导社会组织参与社会治理。习近平总书记在十八届二中全会上强调，要发挥社会力量在管理社会事务中的作用，同时也要加强对各类社会组织的规范和引导。全会通过的《国务院机构改革和职能转变方案》明确了社会组织管理制度改革的安排，提出积极引导发展、严格依法管理的原则，促进社会组织参与社会治理的健康有序发展。现阶段，我国已进入社会组织快速发展的重要战略机遇期，既要加强社会组织的基本素质和文化建设，提高其专业化素质和能力，坚持其民间性、公共性、非营利性的特色；还要在社会组织遵守法律法规，规范参与社会服务方面下工夫。要加强党对社会组织的领导，保证社会组织的发展方向，引导其创立良好的公共服务形象，切实发挥社会组织协调利益、反映诉求、提供服务、规范行为的功能。

总之，中国共产党领导核心功能的正确发挥，是关系中国当代基层民主自治落到实处的一项宏伟而又浩大的系统工程，必须坚决反对那种借口民主自治，取消党的领导的错误论调。在新形势下加强基层组织建设，必须正确处理好党的领导与基层民主自治之间的关系，扩大社会主义民主，加快建设社会主义法治国家，以保证人民当家作主为根本，以增强党和国家活力、调动人民积极性为目标，在完善和发展中国特色社会主义制度、推进国家治理体系和治理能力现代化建设方面作出新的贡献。

拓展阅读

《中共中央关于全面深化改革若干重大问题的决定》，人民出版社2013年版。

习近平：《在庆祝全国人民代表大会成立60周年大会上的讲话》，《人民日报》2014年9月6日第2版。

习近平：《在庆祝中国人民政治协商会议成立65周年大会上的讲话》，《人民日报》2014年9月22日第2版。

（执笔人：王庆五　陈传善）

◎ 如何看待"新自由主义"

　　发展社会主义市场经济，既要发挥市场作用，也要发挥政府作用，但市场作用和政府作用的职能是不同的。全会决定对更好发挥政府作用提出了明确要求，强调科学的宏观调控，有效的政府治理，是发挥社会主义市场经济体制优势的内在要求。全会决定对健全宏观调控体系、全面正确履行政府职能、优化政府组织结构进行了部署，强调政府的职责和作用主要是保持宏观经济稳定，加强和优化公共服务，保障公平竞争，加强市场监管，维护市场秩序，推动可持续发展，促进共同富裕，弥补市场失灵。

　　——2013年11月9日，习近平总书记在十八届三中全会上关于《中共中央关于全面深化改革若干重大问题的决定》的说明改革开放以来，西方新自由主义思潮伴随经济全球化进程逐步传入我国，并且借口所谓支持我国市场经济体制改革而混淆视听，使一些不明真相的人产生了种种模糊认识和错误观念，企图改变我国改革的社会主义方向，改变中国特色社会主义的制度特性，对马克思主义在我国意识形态领域的指导地位形成严重挑战。因此，什么是新自由主义？它的基本观点以及对我国的影响与危害又是什么？搞清楚这些问题，对于建设中国特色社会主义事业，特别是对于当前全面深化改革都将具有重大的理论和实践意义。

■ 一、新自由主义的形成发展与核心思想

新自由主义思潮来自于西方发达资本主义国家，它以个人主义为理论基础，在经济上主张市场万能、彻底的私有化、全球自由化和福利个人化，在政治上反对社会主义制度、鼓吹多党制。国内相当一部分人，将我国实行的改革开放，尤其是建立社会主义市场经济和发展非公有制经济故意曲解为就是实行新自由主义，其危害十分严重。如果不能从根本上认清新自由主义思潮的本质，认清其与中国特色社会主义的根本区别，必将搞乱我们的意识形态领域，搞垮我们的经济建设。

1. 从古典自由主义到现代自由主义

新自由主义之"新"，是相对于古典自由主义之"古"来讲的。古典自由主义与新自由主义有着很深的历史渊源，古典自由主义为新自由主义奠定了理论基础，而新自由主义则是古典自由主义的发展和变形。

从思想来源上追溯，17世纪英国最著名的哲学家和政治思想

家洛克的"财产权理论"，和18世纪法国重农学派的"自然秩序理论"一道，成为古典自由主义诞生的思想基础。1776年，亚当·斯密发表《国民财富的性质和原因的研究》（简称《国富论》），标志着古典自由主义的正式诞生。

洛克认为，人类劳动是私有财产的来源，通过劳动获得的私有财产神圣不可侵犯。而政府的职责应该是保护和服务社会成员的人身和财产安全，不能掠夺和侵吞社会成员的私有财产，不能随意对财产征税和干涉正当贸易。洛克的财产权理论为资本主义经济政治制度提供了合法性论证，成为后来自由主义不同发展阶段的理论起点，因此，洛克也被称为"自由主义之父"。如果说洛克的财产权理论是后来自由主义所有权理论的理论来源，那么，法国重农学派的自然秩序理论则从资源配置理论方面为自由主义奠定了理论基础。重农学派认为，人类社会与自然界一样，都存在着永恒的、理想的、至善的不以人的意志为转移的客观规律——自然秩序。如果人们在人类社会的经济、政治活动中自觉遵守自然秩序，也即人类社会的人为秩序符合自然秩序，那么人类社会就处于健康发展状态。洛克和重农学派的理论，将适用于资本主义时代的代表资产阶级利益的社会、经济理论说成是普遍适用、永恒正确的科学理论。

如果说洛克和重农主义的自由思想还只是自由主义的萌芽阶段，只是新自由主义思想的源泉的话，那么以亚当·斯密、大卫·李嘉图为代表的古典政治经济学家提出的系统的古典经济自由主义理论，则是自由主义这个资本主义社会思想支柱的第一个完整形态。他们从"经济人"假设出发，认为人的行为动机根源于追求享乐的本性。在市场活动中，每个人都会自觉地追求自身利益的最大化，这种追求个人私利的行为在恰当的法律条文规制下，会自发形成市场秩序和经济效率。在市场这只"看不见的手"的作用下，由追求私利出发的行为会最终导致社会财富和公共利益的增加。至此，古典自由主义的核心理念即个人主义、自由、民主、国家都得到表达，个人、社会与国家在资本主义制度框架中的关系体系逐渐清晰。

2. 从现代自由主义到当代新自由主义

19世纪末20世纪初，资本主义由自由竞争阶段逐渐过渡到垄断阶段，这既是古典自由主义理论的实践结果，也使古典自由主义主张的自由放任市场经济本身固有的矛盾逐渐显现。同时，1917年俄国十月革命的胜利，使得公有制、计划经济等社会主义经济理论转为实践，构成了古典自由主义发展与转变的外在压力。于是，在资本主义内部的挑战和苏联社会主义经济的外在压力的双重作用下，20世纪20至30年代，新自由主义思潮正式产生。其标志性事件，是以奥地利经济学家米塞斯、哈耶克为首的新自由主义者与波兰经济学家兰格之间开展的有关经济计算问题的大讨论。

新自由主义诞生之初并没有迅速成为资本主义国家的主流理论。1929至1933年，席卷资本主义世界的经济危机，彻底暴露了自由放任式市场经济的弊端，资本主义经济发展长期以来所倚重的私人和厂商投资与消费热情全面衰退，资本主义经济发展陷于动力严重缺乏的尴尬境地。这时，主张国家干预经济发展，以国家支出创造需求和调节分配的凯恩斯主义应运而生。随着"罗斯福新政"的实施，凯恩斯主义从理论层面上升到国家政策，一时间成为资本主义国家的救世良方，而新自由主义则备受冷落。

然而，到20世纪60年代末期，西方资本主义国家在经历了"二战"后的繁荣后开始走向停滞与衰落。尤其是1974年爆发的石油危机，使得西方出现了以滞胀为特征的资本主义经济危机新形式，伴随着资本主义经济增长缓慢停滞的，是通货膨胀、失业增加。这是资本主义生产方式本身固有矛盾的鲜明体现，更直接表明了以政府干预市场的凯恩斯主义的破产。因为凯恩斯主义直接导致政府机构不断膨胀，政府财政支出不断增加，个人和厂商税负增加，最终导致滞胀危机的出现。这时，一度在西方资本主义国家占统治地位的凯恩斯主义开始受到质疑。

1980年，英国首相撒切尔夫人和美国总统里根为了解决西方资本主义国家出现的滞涨现象，开始放弃凯恩斯主义政策，转而实行新自由主义政策，沉寂30多年的新自由主义重新成为资本主义国家的主流意识形态。

在这种背景下，新自由主义者抓住这一天赐良机，批评凯恩斯的理论，指责凯恩斯主义不仅破坏了市场正常秩序，而且剥夺了公民的自由，导致国家"走向奴役之路"。伴随着英国撒切尔夫人和美国里根总统这两个新自由主义坚定执行者的上台，沉寂多年的新自由主义理论重新粉墨登场。

新自由主义在内容上沿袭了古典自由主义对私有财产的保护和市场作用原教旨主义式的强调，同时，相比古典自由主义又在许多方面有所发展，具体表现为：

第一，利益诉求不同。古典自由主义的斗争对象是封建主义，封建主义的因循守旧、割据封闭阻碍了资本主义经济的发展，所以古典自由主义十分强调市场的作用，弱化政府的作用，成为资产阶级反封建的斗争利器。而新自由主义的出现是为了化解资本主义经济危机，在与社会主义制度的较量中取得优势，巩固资本主义经济政治统治。所以，从古典自由主义到新自由主义，是革命的意识形态向保守的意识形态的转化。

第二，政府在经济活动中的作用不同。古典自由主义产生于自由竞争阶段，十分重视发挥市场这只"看不见的手"的作用，而将政府比作"守夜人"，认为其无须干预经济发展，只要能为经济发展提供必要的秩序保障就行。而新自由主义是国际垄断资本主义发展阶段的产物，此时垄断资本已取代完全的自由竞争时代的自由资本。新自由主义反对的是凯恩斯主义主张的政府的垄断行为，即政府对垄断资本行为的干预，反对政府作为主体直接参与市场运作，维护的是垄断资本经济行为不受干预的自由。

第三，对于平等的不同解释。古典自由主义在为资本主义制度合法性进行辩护时，出于动员社会各阶级、阶层起来反封建的目的，承认人与人之间平等。而新自由主义则更赤裸裸地维护垄断资本的利益，强调维护大资本财团的收益的自由。

新自由主义理论的提出，不是为了满足资本主义经济学家探索人类社会的好奇心，它的价值诉求必然推动它积极谋求从理论转化为实践，从一国实践拓展到全球布展。

1989年，由美国国际经济研究所出面，在美国华盛顿召开了一个讨论20世纪80年代中后期以来拉美经济调整和改革的研讨会。会上，美国国际经济研究所原所长约翰·威廉姆逊说，与会者在拉美国家已经采用和将采用的十个政策工具方面在一定程度上达成了共识。由于国际机构的总部和美国财政部都在华盛顿，加之会议在华盛顿召开，因此人们把这一共识称作"华盛顿共识"。进入20世纪90年代以来，随着"华盛顿共识"的形成与推行，新自由主义开始从学术理论嬗变为国际垄断资本主义的经济范式和政治性纲领，并开始向全球蔓延，从而为国际垄断资本开辟了全球空间。这股思潮的扩张，其目的是颠覆社会主义意识形态和制度体系，重新奴役第三世界国家和强化压迫本国工人阶级，取得资本扩张、利润最大化的绝对自由。

---◇ 延伸阅读---------

"华盛顿共识"的十项基本内容

1. 加强财政纪律，压缩财政赤字，降低通货膨胀率，稳定宏观经济形势。

2. 把政府开支的重点转向经济效益高的领域和有利于改善收入分配的领域（如文教卫生和基础设施）。

3. 开展税制改革，降低边际税率，扩大税基。

4. 实施利率市场化。

5. 采用一种具有竞争力的汇率制度。

6. 实施贸易自由化，开放市场。

7. 放松对外资的限制。

8. 对国有企业实施私有化。

9. 放松政府的管制。

10. 保护私人财产权。

从整体上看，"华盛顿共识"是一整套经济理论和政策主张，它以新自由主义理论为基础，绝对化地强调市场机制的功能和作用，鼓吹国有企业私有化、贸易自由化、金融自由化、利率市场化、放松对外资的监管和政府的管理等，从而适应了国际垄断资本向全球扩张的需要。不仅如此，美国等西方国家还利用经济援助、贷款等附加条件，向发展中国家强制推行"华盛顿共识"。这样，新自由主义最终被美国意识形态化、政治化和范式化。一段时间以来，"华盛顿共识"被说成是"全球共识"，新自由主义被美化成能给世界人民带来幸福的"万能灵药"，以为任何国家只要实行了新自由主义政策，就能解决各自遇到的经济和社会问题，从而走上繁荣、富裕的道路。

3. 新自由主义理论的所谓"核心价值"

新自由主义理论以个人主义作为理论基础，主张实行纯粹的市场经济，反对政府对市场的干预。它的观点主要包括：实行私有制、反对公有制，以此保证参与市场活动的主体具有完全的自主地位和权利；企业生产经营由市场进行调节，政府不能干预经济运行和经济活动，以此保证经济活动的竞争性和公平性；反对政府实行高福利政策，主张福利个人化、减免化，以此保证市场主体参与市场竞争的积极性和主动性；反对公有制、反对国家宏观调控、反对社会主义制度，以保证将新自由主义政策推广到世界各个国家，按美国模式实现世界的资本主义自由化。具体讲包括如下内容：

（1）价值观上主张"个人主义"。新自由主义的哲学基础是个人主义。新自由主义认为，个人权利尤其是个人的自由权利神圣不可侵犯。每一个社会成员的个人偏好、利益诉求都应该受到尊重和保护，不能在众多个人利益诉求之间按照某一种标准分出孰优孰劣。每个人都有设定目标、采取措施实现目标的自由，这种自由应该受到保护。因此，在新自由主义看来，个人权利成为判断一切社会行为得失成败的尺度，个人利益成为解释一切历史事件的动因。在个人与社会的关系上，新自由主义认为，个体的实在性决定个人优于社会，社会由无数个体组成，个体的性格决定社会的性质。至于国家则只是社会的一部分，国家和社会同样由单个有生命的个人组成，国家和社会没有特殊的额外的权利。所以，个人优先于国家和社会，个人、社会和国家之间具有明晰的权利边界，社会和国家不能以任何借口越界侵犯个人的权利。由此，新自由主义顺理成章地得出结论：在经济领域要尽量运用自发力量，尽量避免外在强制，让个体在自由竞争中实现经济的良性发展。总之，个人主义哲学是新自由主义的理论基础，正是从个人自由出发，新自由主义提出了有利于维护自身利益的一系列理论观点和政策主张。

（2）经济上推行"三化"。在经济理论上，新自由主义继承了古典自由主义经济理论的自由经营、自由贸易等思想，并将之发扬光大为"三化"：绝对自由化、彻底私有化和全面市场化。

"绝对自由化"的主张，是个人主义价值观在经济领域的直接体现。新自由主义认为经济自由最重要，它是经济效率和社会财富的前提，是其他一切自由的基础。例如，哈耶克就公然宣称，体现个人自由的私人企业制度和自由市场机制是"最好的制度"。弗里德曼也认为，自由竞争的资本主义最有利于个人自由，并能促进社会在科学技术和人文艺术方面取得创造性成果，尤其是能为普通人提供最广泛的发展机遇。

从古典自由主义到新自由主义，"彻底私有化"是一贯主张。新自由主义认为，只有在私有制条件下，个人拥有生产资料所有权，市场主体的自主性、积极性和创造性才能得到保证，个人在经济利益的驱动下，根据市场需求自主决定生产销售等经济活动。新自由主义认为，正是私有制的存在不仅使每个人都获得了发财致富的机会，体现了资本主义宣扬的自由与平等，而且，私有制在市场这只"看不见的手"的调节下，能自动实现资本主义经济的均衡发展，使得资本能够在不同的所有者之间流动，工人能够自由选择不同的老板为其工作，整个社会的失业率可以保持在自然失业率的水平上。总之，在新自由主义那里，私有制不仅是自由资本家发家致富和工人平等就业的保证，而且是资本主义经济协调发展运行的所有制基础。反之，新自由主义者强烈反对公有制，认为公有制导致产权不明确和不可转让，会造成经济运行中效率低下、浪费惊人和腐败频出。在政治上，他们甚至认为生产资料公有制会导致社会成员丧失宝贵的自由，掌握生产资料的独裁者会将社会大众推向受控制、受奴役的悲惨境地。

新自由主义推崇市场的作用，相信市场万能，主张"全面市场化"，反对计划经济。认为市场经济是与私有制匹配的经济运行模式，是唯一能实现资源合理配置的经济制度。这种原教旨主义的市场理论，是为了维护大垄断财团经济行为的绝对自由，尤其是跨国资本在发展中国家凌驾于国家主权之上的肆意妄为。新自由主义在推崇市场作用的同时，极力反对计划经济，认为计划经济是国家干预经济的典型和极端表现。由于市场上大量的供给和需求信息分散在各个生产者和消费者手中，国家根本没有能力将如此大量的信息全部收集起来，因而很难作出正确的分析、判断和计划来指导经济。推行计划经济就是"致命的自负"，其结果只能导致经济崩溃和政治独裁。

不难看出，新自由主义之所以在经济上主张"绝对自由化"、"彻底私有化"和"全面市场化"，是出于垄断资本增殖的需要。经历了从自由竞争时期的原始积累，垄断资产阶级已经足够强大，在西方国家经济和政治生活中处于支配地位。这时，再要求自由竞争、优胜劣汰，无非是将垄断资本的弱肉强食合理化，将垄断资本依仗资本优势获取超额剩余价值的行为合理化，是典型的打着公平竞争旗号对不公平竞争的保护。

智利人民反对私有化改革的抗议浪潮

（3）政治上实施所谓"民主"。新自由主义以个人主义为理论基点，除了在经济上要求市场调节、反对国家干预，崇尚私有制、反对公有制外，反映在政治上则主张实施西方式的民主、反对社会主义政治制度。他们把苏联模式和社会主义捆绑在一起，认为国家通过掌握生产资料运用计划组织生产，就拥有了绝对的权力，就必然导致在政治上的极权主义。并以此为标签到处贴，用以抨击、反对所有的社会主义政治制度，宣扬西方宪政民主。新自由主义不仅直接反对社会主义政治制度，而且连具有社会主义性质的福利国家制度也一并反对。他们甚至将西方的政党制度、议会制度、选举制度等政治制度超历史化和普世化，将西方的主权在民、三权分立、人人平等的政治观念"去意识形态化"，有意掩盖其资产阶级政治制度和政治思想的阶级性、历史性和意识形态性。

（4）国际战略上推销"全球一体化"。新自由主义产生于资本主义国家，但是随着经济全球化的发展，新自由主义开始在全球传播，积极谋求建立全球秩序，实现新自由主义的"全球一体化"。经济全球化为当代资本主义发展提供了新的空间，国家垄断资本主义加速向国际垄断发展。可以说，新自由主义代表的是以美国为首的国家垄断资本主义的阶级利益，它主张建立全球秩序并不是为了维护不同国家的利益，也不可能照顾到不同国家的经济政治现有水平。它所主张建立的世界新秩序，就是为了将整个世界纳入国际垄断资本主义资本增殖的世界。尤其是在经济政策上，发达资本主义国家为了实现资本在全球的增殖，要求广大发展中国家也实行新自由主义政策。他们要求发展中国家开放国内市场，实现生产要素和资源（除了劳动力要素）在世界范围内自由流动，实现生产、贸易和金融的完全自由化与国际化。他们通过控制国际货币基金组织、世界银行、国际清算银行、世界贸易组织等国际经济组织，制定一系列行业规则，将广大发展中国家纳入到以西方发达国家为主导的全球资本主义体系中。例如，1989年"华盛顿共识"的出炉，就是位于华盛顿的三大机构——国际货币基金组织、世界银行和美国政府共同提出的体现新自由主义理论的具体政策主张。

美元的"魅影"

在人类金融事务中，首次出现了由一国不兑现纸币通过浮动汇率和自由兑换强加的货币霸权，全球化的金融市场使这种货币霸权的形成成为可能。美元在全球货币储备中，占到70%的份额；在国际贸易结算中，占到68%的份额；外汇交易的80%、国际间银行业交易的90%是通过美元进行的；石油、矿石、粮食等战略商品都是以美元计价的；国际货币基金组织的全部贷款也都是以美元标价的……实际上，美国占全球商品和服务出口的比例只有11%，占全球进口的比例是13.8%，但这并不妨碍美元的身影充斥整个世界。

随着苏联解体和东欧剧变，这些国家以"华盛顿共识"为经济转型的指南，运用"休克疗法"，掀起一场迅速、全面推行新自

★ **知识链接**

休克疗法

休克疗法（shock therapy）原为医学上使用的一种治疗方法。20世纪80年代中期被美国经济学家弗里·萨克斯引入经济领域，最初是为了应对玻利维亚的经济危机而采取的一系列治理通货膨胀的金融和财政政策。1992年，俄罗斯开始实行以休克疗法为主要内容的激进改革，并将自由化、私有化等自由主义政策和稳定化相结合，试图在帮助俄罗斯渡过危机的同时，迅速实现经济转轨。但是，休克疗法在俄罗斯遭到重大失败。

由主义的经济改革，西方学者将这一变革宣称为这些国家经济社会转型的"灵丹妙药"。新自由主义的改革方案究竟是不是"灵丹妙药"，并不是哪个西方学者能说了算的，而是要从实践结果来判断。事实上，正是这一剂药方使苏联迅速瓦解，被俄罗斯人视为一场"俄罗斯的悲剧"。尤其是2008年美国爆发了以次贷危机为导火索的金融危机，许多大型金融机构倒闭，经济衰退。随之，金融危机影响到世界上许多国家，其中以俄罗斯和东欧国家为代表的转型国家受害最深。这些国家相继出现本国货币飞速贬值、大量国际资本外逃、国内金融机构纷纷破产、实体经济不断衰退，宏观经济动荡不安，经济出现负增长。这些转型国家经济危机的发生具有多种原因，但美国金融危机借由经济全球化对这些国家的影响成为重要的输入性原因。因为经济全球化使各国经济链条链接得更加紧密，爆发于美国的金融危机通过商品、资本、金融、贸易等途径就传导得更加快速和全面。

次贷危机

次贷危机（subprime lending crisis）又称"次级房贷危机"，也译为"次债危机"。它是指一场发生在美国，因次级抵押贷款机构破产、投资基金被迫关闭、股市剧烈震荡引起的金融风暴。它致使全球主要金融市场出现流动性不足危机。这一危机从2006年春季开始逐步显现，2007年8月席卷美国、欧盟和日本等世界主要金融市场，至今仍在持续发酵。

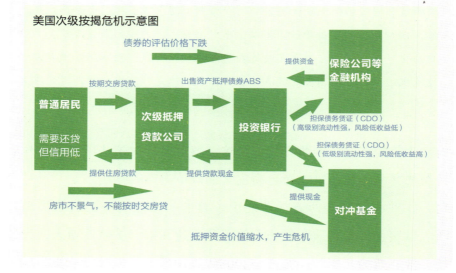

美国次级按揭危机示意图

2009年8月，美国《时代》周刊亚洲版刊登《中国能否拯救世界？》一文，认为中国经济的弹性并不是海市蜃楼。如果中国政府可以顺利渡过这次全球危机，其领导人的声誉及信心都会大大增加。一个经受了大萧条以来最严重的经济低迷考验的经济模式，将在发展中世界产生不可否认的吸引力，"华盛顿共识"将彻底失去魅力。在危机之前，中国就在崛起，其全球影响力不断扩大。世界其他地方举步维艰之时，情况更是如此。中国还不是世界经济领袖，但它将要成功的趋势不可逆转。

但是，与这些外在因素比较起来，更为重要的是，这些转型国家建立的新自由主义经济制度成为国际金融危机持续发酵的内在因素。首先，转型国家实行爆发式的全面市场化，使投机资本迅速猖獗，结果市场主体将大量资金投入到能够迅速获利的虚拟经济中，投机行为盛行，这不仅造成了金融业虚假繁荣的泡沫，而且增加了整个经济的风险成本。其次，过分依赖外资的经济发展模式，使得转型国家经济独立性大大降低。全球金融危机爆发时，国外市场需求低迷，国外资本纷纷逃离，转型国家外向型生产立即陷入停滞，陷入债务危机。最后，转型国家的新自由主义改革去除了国家对经济的宏观调控，特别是在中东欧国家加入欧盟时，作为交换条件已经将部分国家主权让渡出来。缺乏必要宏观调控的市场经济，加之本身存在的先天不足，所以在国际金融危机到来时，就显得更加手足无措，难以采取有效的应对之策。

■ 二、新自由主义"病毒"在中国的传播及其危害

1. "市场万能论"带来的是什么

随着我国改革开放的推进，旧的条条框框不断被冲破。从1978年党的十一届三中全会提出要把党的工作重点转移到社会主义建设上来，到1992年党的十四大提出建立社会主义市场经济体制的改革目标，再到2013年党的十八届三中全会提出使市场在资源配置中起决定性作用和更好发挥政府作用，这一系列改革措施，都是为了建立中国特色的社会主义市场经济体制。一方面发挥市场在资源配置中的决定性作用，另一方面发挥好政府的宏观调控作用，从而极大地解放和发展了生产力，激发了社会活力，推动了经济社会的全面发展，使社会

主义焕发出更大的生机，中国因此创造出举世公认的发展奇迹。

但是，国内一些崇奉西方新自由主义的人，和西方新自由主义力量相策应，对改革开放肆意歪曲、借题发挥，将建立社会主义市场经济体制歪曲为新自由主义的市场万能、自由放任、反对政府干预和管理，试图诱导社会主义市场经济体制走上西方式市场化的邪路，为西方跨国资本横行中国打开闸门，把中国纳入西方资本主义世界经济体系。必须看到，我们主张市场在资源配置中发挥决定性作用，但同时强调必须更好发挥政府的作用，这是我国改革开放30多年来的一条重要经验。社会主义市场经济体制的形成，使我国的社会生产力获得了一次大解放，经济活力充分迸发，经济增长在全球一路领先。而在市场放开、活力迸发的同时，不可或缺的是有效的政府调控和政府监管。正是这种政府功能使中国的经济总体上平稳运行、健康发展，既能集中力量办大事，又能避免西方金融危机式的颠覆性错误，这是我国发展一条不容否弃的重要经验。

西方新自由主义及其国内策应者一再否定这条经验，其用心首先在于，否定作为执政党的中国共产党对经济工作的领导权，否定公有制经济在国民经济中的主导地位，同时，更有一个路人皆知的目的，

★ 资料链接

　　回顾党的十一届三中全会召开30多年来的改革历史，对于政府与市场关系的认识，经历了一个不断深化的过程。1978年党的十一届三中全会提出，"应该坚决实行按经济规律办事，重视价值规律的作用"；1982年党的十二大提出，"发挥市场在资源配置中的辅助性作用"；1992年党的十四大提出，"要使市场在国家宏观调控下对资源配置起基础性作用"；2003年党的十六届三中全会提出，"要在更大程度上发挥市场在资源配置中的基础性作用"；2012年党的十八大提出，"要在更大程度、更广范围发挥市场在资源配置中的基础性作用"。

就是要在经济运行方式的选择，特别是在利率、汇率、投资资本、金融体制、贸易规则等方面摧毁中国的经济自主权，为跨国资本横行中国打开大门。因此，十八届三中全会提出的"使市场在资源配置中起决定性作用"同新自由主义的"市场原教旨主义"根本不同，要警惕新自由主义思潮误导我国全面深化改革的性质和方向。

2. "全面私有化"：中国只能说"不"

改革开放以来，我国突破了"一大二公"的僵化模式，逐步形成了以公有制为主体、多种经济成分共同发展的所有制结构，适应了现阶段生产力发展的需要。在长时期的改革实践中，我们党不断突破种种思想束缚，从而在实践上促进了非公有制经济的良性发展，有效发挥了非公有制经济在促进社会就业、搞活城乡市场、推动经济增长等方面的重要作用。

但是，这些改革政策被新自由主义者有意曲解并借题发挥，宣称"中国的经济改革应该实现全面的私有化"。这是一个可能危及社会主义经济制度根本基石的错误观念。这种全面私有化，已有苏联"500天改革计划"的覆辙在先，其结果是一场经济的整体"休克"。因此，新自由主义的全面私有化，试图抽掉社会主义基本经济制度的基础内涵，摧垮实现人民群众根本利益的制度基石。在这个问题上，我们必须高度警惕。

3. "中国道路"岂容诋毁与改向

中国共产党的领导地位从哪里来？众所周知，中国共产党的领导地位是在长期的革命实践中成就的。自鸦片战争以来，中国沦为半殖民地半封建社会，由于帝国主义、官僚资本主义和封建主义的剥削统治，国家四分五裂、战乱不断、备受欺凌，人民生活极度贫困、流离失所。为了救中国，各种政治力量纷纷登上历史舞台，无论是农民阶级的太平天国运动，封建地主阶级的洋务运动、康梁变法，还是资产阶级的辛亥革命，都宣告失败。中国共产党以马列主义为理论指导，立足于中国国情，将马克思主义普遍真理与中国实际相结合，领导中国人民经过艰苦卓绝的斗争，走出了一条农村包围城市、武装夺取政权的革命道路，彻底实现了人民梦寐以求的民族独立和国家初步统一，为实现国家富强、民族复兴和人民幸福奠定了制度基础。所以，中国共产党的历史地位不是自封的，归根结底是历史的选择，是人民的选择。

但是，国内新自由主义的崇奉者无视这一历史选择，反对这一人民的选择，因为他们抱持的是西方自由主义政治理念，主张绝对的个人自由选择，以及这种选择的博弈与较量。其实，这种博弈和较量是资本强权下的事实上不平等的博弈与较量，是一种资本强权下的"虚假的自由选择"。而这种资本强权下的虚假自由选择的制度载体，就是西方式的多党制、"三权分立"。国内有些人极力宣扬新自由主义的个人主义价值，把中国特色社会主义制度和苏联模式僵化的集权政治等同起来，以反对"极权主义"的名义反对中国共产党的领导，进而在政治上力主照搬西方式的政治模式，试图把中国拉入危险的政治困境。

中国是一个地域辽阔、民族众多的发展中国家，因历史原因造成的民族差异、因改革开放造成的地区经济社会差异交织在一起，如果按照新自由主义的主张，政治上实行多党制，轻则会造成社会混乱，重则会造成国家分裂。以南斯拉夫为例，南斯拉夫与我国有许多共同之处，也是一个多民族的、地区发展不平衡的国家。东欧剧变后，西方资本主义国家以经济援助为条件，迫使其接受包括多党制在内的西方民主制度，结果导致民族矛盾、地区矛盾激化，爆发了穆斯林族、塞尔维亚族和克罗地亚族之间一场三年多的波黑战争，原本民族团结、国泰民安的统一国家最后分裂成为七个国家。所以，正如我国驻黑山共和国原大使李满长所讲，多党制只是西方国家突破我国社会主义"防御体系"的一种手段和武器，其目的是破坏中国共产党的领导，最终肢解社会主义中国。

■ 三、自觉抵制新自由主义思潮的侵蚀

对待一种社会思潮，不仅仅要"听其言"，更要"观其行"。对待新自由主义，我们不仅要揭开它神秘的面纱，更要从其实践结果中认清其危害，了解其本质，防止其蔓延。

1. 反思新自由主义的发展困境

2008年爆发的国际金融危机及其影响的长期性，已充分暴露出新自由主义的局限性和弊端，新自由主义已呈现出"落花流水春去也"的颓势，风光不再。

第一，世界经济的不平衡性更加突出。新自由主义主张消除国家间贸易、金融等领域的壁垒，实现资本、商品等要素在国际市场的自由流通，这客观上会促进经济全球化，加强世界各国在经济上的相互联系。但是，世界经济结构不平衡问题突出，具体表现为发展中国家与发达国家在经济、科技等方面的不平衡发展和国际分工的畸形化，而发达国家内部又存在实体经济与虚拟经济发展的不平衡。

由于历史原因，发展中国家和发达国家在经济发展水平、科

技竞争实力等方面存在巨大差异，在发达国家巨大的经济技术优势面前，发展中国家的经济社会全面协调发展必然面临严重挑战。首先，发达国家在科技上占有巨大优势，掌握先进技术和核心技术。而发展中国家在现代化过程中特别需要先进技术的支持，但是发达国家出于利润最大化的考虑，往往以保护知识产权为借口，垄断先进技术和核心技术，在商品国际化生产中始终处于上游地位。而发展中国家只能以低廉的土地和劳动力价格参与商品的国际化生产，为国际垄断资本"打工"，从事简单的代加工，始终处于商品国际化生产的下游。其次，经济全球化是有利于资本增殖的世界经济一体化，发展中国家的参与为国际垄断资本的增殖找到了新的低廉的土地和劳动力，发达国家和发展中国家之间在世界生产总值和出口市场中占有的比例形成鲜明对比，世界经济健康协调发展受到严重影响。最后，欧美等发达国家在经济全球化中处于优势地位，以新自由主义为主要价值取向的国际组织在制定世界经济贸易规则时，表面上要求各国平等、开放、自由，但其出发点和效果是有利于扩张发达国家的经济霸权。而发展中国家在经济全球化中处于被动和受支配地位，没有相应的话语权。

世界经济结构不平衡问题，不仅存在于发达国家与发展中国家之间，而且在发达国家内部也存在虚拟经济与实体经济之间的发展失衡问题。虚拟经济，尤其是金融业的不断上升，是资本积累的必然后果。随着资本的不断积累，资本有机构成不断提高，实体经济利润率下降，为了寻求更大的利润空间，过剩资本一部分转到土地和劳动力相对便宜的发展中国家，另一部分则转向金融业。结果美国工业产值和增长速度不断下降，美国经济发展长期以来依靠债务推动，结果造成金融泡沫。2009年，奥巴马政府在应对金融危机时就提出要重振实体经济，以出口推动经济增长，改变过去依赖金融业通过大量放债诱导消费者过度消费的经济增长模式。且不论奥巴马政府的自救会有多大效果，仅仅从其采取的这些措施来看，就足以证明发达国家内部经济结构失衡问题的存在。

第二，世界经济产业布局固化现象更加突出。苹果手机是现代年轻人时尚、新潮的象征，美国苹果公司只负责设计和销售，各部分零件在全球范围内生产，其组装在我国进行。据美国学者发布的《捕捉苹果全球供应网络利润》的报告显示，2010年苹果公司每卖出一台iphone，就独占其中58.5%的利润，而中国大陆的代工企业只能拿到1.8%。这一典型事例告诉我们，随着"华盛顿共识"在世界范围内发挥影响，国与国之间的贫富差距进一步拉大。据瑞士信贷（Credit Suisse）发布的2013年全球财富报告显示，全球0.6%的富人（约2900万人）拥有的资产占全球总资产的比例为39.3%，达到87.4万亿美元。在全球百万富翁中，美国人占到42%。当前，已经形成了发达国家掌握资本和技术等生产要素，发展中国家提供劳动力、土地和国内市场的国际分工格局。这种分工格局不仅造成世界经济格局发展不平衡，使得发展中国家经济畸形发展，而且导致世界范围内的"强资本、弱劳工"现象，造成利润分配不均。从上世纪90年代以来，美国等西方国家的跨国公司将制造环节转移到发展中国家，专心进行设计和研发，从而与发展中国家在技术上形成更大差距，并用专利来建构技术壁垒，形成世界产业格局的固化现象。从2008年国际金融危机后，中国政府加大了科技创新力度，大力推进从"中国制造"向"中国创造"的转型，这正是引领中国走出这种世界产业固化局面的治本之举。

第三，从经济政策到政治制度的新自由主义成为传播资本主义意识形态的重要载体。20世纪80年代末至90年代初，苏联及东欧等国家的共产党丧失执政地位，对国际共产主义运动造成重大影响。反思苏东剧变的原因，既有前期苏联东欧等国原有经济体制僵化，经济建设长期偏重重工业和军事工业，人民生活水平没有相应提高，以及后期党的理论和路线错误，经济政治改革偏离社会主义道路等内在原因，也有西方势力推波助澜、实施"和平演变"的外在原因。新自由主义在经济上推行"华盛顿共识"，在政治上极力传播西方的意识形态、价值观念。尤其针对社会主义国家，以文化传播为载体，以经济全球化为途径，在国际经济文化交流中进行意识形态渗透，向社会主义国家输出其新自由主义意识形态。正是在新自由主义意识形态的长期渗透下，资本主义的政治制度成为自由与民主的幸福象征，共产党的指导思想偏离了社会主义、马克思主义，导致整个国家和社会的思想被搞乱。而在苏东剧变后，新自由主义在这些转型国家所推行的是以"华盛顿共识"为范本的"休克疗法"。"休克疗法"的主要内容，包括完全经济自由化、国有企业全盘私有化等内容。但是，新自由主义并没有使这些国家从休克中获得重生，并没有进入想象中的富裕、自由和幸福的天堂。相反，却使这些国家面临物价飞涨、失业剧增、收入下降、犯罪猖獗等严重的衰败局面。

第四，新自由主义导致的生产能力过剩、全球有效需求不足的问题长期难以解决，成为国际经济危机频发的重要原因。随着先进科学技术和管理方法不断运用于生产领域，资本主义企业的劳动生产率不断提高，一方面是资本主义生产规模的不断扩大、社会产品的日益丰富，另一方面是劳动者有支付能力的需求不断缩小，于是出现了资本主义生产能力对于广大群众的支付能力的相对过剩，经济危机周期性爆发就是这一矛盾的鲜明体现。为了缓解资本主义生产和消费的矛盾，顺利将生产的商品卖出去，实现资本增殖，西方国家在新自由主义政策的指导下，从信贷金融、市场营销等方面采取许多措施来刺激消费，从而促使资本主义社会逐渐从以生产为主导的社会转向以消费为主导的社会，从产业资本主义转向金融资本主义。

一是通过以分期付款为主要内容的债务经济来提高广大群众的消费能力。20世纪初期，分期付款制度在美国大范围使用，这种消费方式极大地冲击了"新教伦理"消费观，大大推动了超前消费、享乐消费、符号消费的观念。早在1800年，美国联邦政府就通过实行分期付款制度，顺利将西部广袤的土地销售给西部民众。后来，分期付款制度逐渐被用在消费品领域。尤其到了20世纪初期，随着福特主义生产方式的采用，劳动生产率得到了提高，汽车和电冰箱、洗衣机等耐用家电成本大幅下降。即便如此，许多家庭还是难以一次付清这样的款项。生产厂商为了扩大销量，提出"先享用、后付款"的宣传口号，纷纷采用分期付款的营销手段，并逐渐发展出抵押贷款与信用卡制度，改变了那种先积蓄后消费的传统消费方式，使汽车和电冰箱、洗衣机等耐用家电真正成为大众消费品。这些制度鼓励、帮助人们"寅吃卯粮"、"即时享受"，延迟享受的心理被彻底击垮，人们对物质的欲望被激发起来和释放出来。

二是通过以广告业为代表的市场营销手段唤起广大群众的消费欲望。美国广告业在20世纪20年代空前繁荣。广告通过赋予商品以符号价值，刺激人们的消费欲和购买欲，对人们进行生活方式和价值观念的劝诱。20世纪20年代美国经济的迅速发展，为广告业的迅速发展提供了经济基础和现实要求。同时，无线广播传媒技术的发展，也成为美国广告业发展的催化剂。借助于现代广播和原有的报纸、杂志等大众传媒，广告开始刺激人们的欲望，并改变着人们的习俗。当时，广告商利用美国新兴富裕阶层崇拜贵族的心理，常常让欧洲的王公贵族在广告中代言，被他们代言的商品立刻就具有了尊贵、高雅的符号价值，产品的档次得到了提升，普通的美国公民仿佛一旦拥有这些商品就可以过上贵族的生活。而且，广告的作用不只是刺激购买，它的更大作用在于改变人们的风俗习惯。通过名人示范的作用，广告在穿衣打扮、居家装饰、外出旅行等生活的方方面面都为人们树立了幸福和成功的外在标准。

新自由主义经济政策的发源地美国发生了"占领华尔街"运动，社会普遍批评新自由主义。

然而，以上措施只是将原有的消费能力开发到极致，甚至是透支明天的消费能力，但并没有从根本上解决有效需求的不足问题，不能从根本上解决经济危机。而且，借贷经济的发展势必会导致经济危机的现代形式——金融危机的出现。随着经济全球化的发展，有效需求不足的问题蔓延到全球，2008年在美国爆发的金融危机迅速席卷全球便是明证。

2. 认清新自由主义的意识形态本质

第一，在经济上，新自由主义体现了国际垄断资本的阶级利益。根据马克思主义基本原理，统治阶级的思想在每一时代都是占统治地位的思想，是占统治地位的物质关系在观念上的表现。新自由主义之所以能够由一种经济政策成为资本主义国家占统治地位的意识形态，并且资本主义国家不遗余力地在全球范围内传播、推广它，正是因为它在经济上代表了国际垄断资本的阶级利益，满足了国际垄断资本实现全球扩张，利用经济科技优势到世界各地攫取超额剩余价值的需要。

新自由主义标榜自由至上，但是这种自由主要体现在市场主体追求经济利益的自由竞争上。从实际效果上看，适者生存的法则只会导致"大鱼吃小鱼"的结果。完全的市场竞争只会导致经济、科技实力雄厚的市场主体获胜，中小资本逐渐积聚成垄断资本，垄断资本反过来会利用自己的生产优势获得更多的利润。所以，新自由主义追求的不是每个人的利益最大化，而是垄断资本的利益最大化。

随着经济全球化的发展，国际垄断资本必然突破国内市场的局限，到国际市场寻求新的利润空间。为了达到此目的，西方发达资本主义国家通过建立世界贸易组织、国际货币基金组织等国际经济组织，加强国与国之间的经贸合作。同时，西方发达国家利用在国际经济组织中的话语权，要求发展中国家政府减少对经济的干预，取消自我保护的贸易壁垒，放开对本国的市场和金融管制，实现国有企业私有化改造，彻底开放国内市场，实现国与国之间商品、资本和货币的自由流动。但是，令人费解的是，英美等西方发达国家自身并没有放弃政府干预，反而通过政府补贴、进口许可证和进口配额制等措施在本国实行贸易保护主义。于是，在这种"内外有别"的经济政策氛围中，获得政府强大支持的国际垄断企业与发展中国家的民族企业之间展开的竞争，表面上看是平等的自由竞争，但骨子里并不平等。这种竞争被古巴领导人比喻成"奥运会冠军队和幼儿园队之间的足球赛"，其结果可想而知。

总之，新自由主义为资本的增殖提供了理论基础，论证了资本逐利的正当性与合理性。新自由主义主张的自由，在现实中就是垄断资本利益最大化的自由，就是西方资本主义发达国家在世界范围内获取超额利润的自由。新自由主义谋求建立的国际经济秩序，绝不是能促进每个国家经济良性发展的自由竞争的经济体系，而是在国际垄断资本绝对控制下的经济体系。

第二，西方发达国家在全球范围内推行新自由主义，妄图用资本主义制度搞垮社会主义制度。新自由主义针对包括社会主义国家在内的发展中国家，采取一系列措施，迫使这些国家接受西方资本主义的政治制度。其一，以经济援助、提供贷款为途径，在其中附加政治条件，要求发展中国家实行以新自由主义为导向的经济政治制度改革；其二，通过文化交流和教育培训，利用发展中国家派人到西方国家学习交流的机会，以学习、培训的名义开展意识形态渗透，从思想观念入手培养影响一批亲西方的新自由主义者，使这些人成为在本国传播新自由主义、建立西方政治制度的"急先锋"；其三，在国际世界推行霸权主义，将资本主义的政治制度、意识形态、价值观念和发展模式神圣化、普世化和唯一化，以人权高于主权为借口，干涉别国内政，培育和扶植亲西方政府与势力，打压不符合新自由主义价值理念的民族国家，支持有关国家亲西方势力发动政变，或利用"街头政治"煽动群众上街游行示威，迫使不与西方合作的领导人下台。

总之，西方国家在全球范围内传播新自由主义时，往往将其说成是科学的、价值无涉的普遍真理，能解决所有国家的经济发展领域出现的一切问题，是指引发展中国家走向富强、民主的"福音书"。但是，新自由主义在当今世界所造成的危机、贫困、萧条与动乱，证明了这种资本主义的欺骗性、隐蔽性和危害性。因此，我们要透过意识形态迷雾，认清新自由主义的阶级本质，在全面深化改革中保持清醒头脑，采取措施不断巩固马克思主义在我国意识形态领域的指导地位，不断巩固全党全国人民团结奋斗的共同思想基础，毫不动摇地坚持和发展中国特色社会主义。

3. 坚定中国特色社会主义的发展方向

党的十八报告明确指出："我们坚定不移高举中国特色社会主义伟大旗帜，既不走封闭僵化的老路、也不走改旗易帜的邪路。"

回顾我国改革开放的历史，其中一个重要方面，就是正确认识和处理社会主义与市场经济之间的关系。虽然早在20世纪50年代末60年代初，党在探索社会主义道路的过程中，也曾提出发展商品生产、利用价值规律，以及把资本主义经济作为社会主义经济补充的重要思想。但是，党真正系统全面认识市场经济是在改革开放时期。伴随着改革开放实践，我国对市场经济的认识也不断深入，对市场经济的认识过程本身就是不断解放思想、实事求是，突破将计划经济等同于社会主义的旧有观念的认识发展过程。

1981年党的十一届六中全会通过《关于建国以来党的若干历史问题的决议》，提出"计划经济为主，市场调节为辅"，在计划经济的框架内肯定了市场对经济的调节作用。1984年党的十二届三中全会通过《中共中央关于经济体制改革的决定》，提出"在公有制基础上有计划的商品经济"，突破了把市场经济和计划经济对立起来的认识。1987年党的十三大提出社会主义经济是有计划的商品经济，要建立"计划和市场内在统一的体制"。1992年党的十四大明确将建立社会主义市场经济作为我国经济体制改革的目标。直到2013年党的十八届三中全会明确指出，要使市场在资源配置中发挥决定性作用和更好发挥政府作用。至此，党不断突破将计划经济等同于社会主义、市场经济等同于资本主义的僵化认识，不再将市场经济与社会制度相联系，还原了市场作为资源配置方式的经济手段的本质。但是，我国实行社会主义市场经济，发挥市场在资源配置中的决定性作用，与新自由主义有着本质的区别，对此应该有清醒的认识。

首先，在所有制问题上，我国的所有制结构改革方向与新自由主义主张实行全面私有化有着本质区别。我国的所有制结构是以公有制为主体，多种所有制共同发展，这种所有制结构体现出社会主义的优越性。社会主义经济体制改革是在坚持我国基本经济制度基础上的自我完善，目标绝不是在所有制问题上搞单纯私有化，变国有企业为私营企业。而是要在坚持公有制主体地位的基础上，更好地激发国有经济的活力，发挥国有经济在整个经济运行中的主导作用。新自由主义否定公有制的主体地位，搞私有化是从根本上偏离社会主义道路的错误做法，必须坚决反对。

其次，在关于国家在市场经济中的职能与作用问题上，我国的转变政府职能改革与新自由主义的反对政府干预完全不同。十八届三中全会明确指出要更好地发挥政府作用，可见，我国的社会主义市场经济改革不是不要政府调控，相反我们认为市场虽然在资源配置中应该起决定性作用，但是市场也有失灵的时候，政府在市场经济中的保持宏观经济平稳运行、提供公共产品、维护市场秩序、调节收入分配等职能和作用必不可少。

　　让我们来看看哈佛大学肯尼迪政府学院托尼赛奇的研究结论。赛奇经过一系列的调查发现，80%或95%的中国人对中央政府比较满意，或相当满意。再来看看较为权威的美国独立民意调查机构"皮尤全球态度"在2010年所做的调查结果：该调查说，91%的中国受访者认为，政府对经济事务的处理不错（相比之下，英国受访者的这一比例只有45%）。

——英国学者马丁·雅克

　　最后，在维护群体利益上，我国的社会主义市场经济改革与新自由主义的出发点和落脚点根本不同。我国的社会主义市场经济改革是适应生产力发展要求的社会主义制度的自我完善和自我发展，其出发点和落脚点是为了使发展成果更多更公平地惠及全体人民，使全体人民走上共同富裕的道路。而新自由主义是为国际垄断资本集团利益服务的，它就是要以自由市场、平等竞争的名义来维护国际垄断集团的超额利润，并对由此造成的资本主义国家内的贫富分化和世界范围内的贫富分化持一种听之任之的态度。新自由主义在拉美地区、苏联及东欧转型国家的"实验"结果显示，它会导致大量的国家、社会财富聚集在少数权贵手中，广大工人、农民和知识分子等劳动者的权益受到严重危害。而中国的市场化改革所维护的利益则是广大人民群众的根本利益。

　　"潮平两岸阔，风正一帆悬。"我国改革开放30多年的巨大成就以及应对国际金融危机的成功实践，充分证明社会主义市场经济具有巨大的优越性。正如1992年邓小平在南方谈话中指明的，不坚持社会主义，不改革开放，不发展经济，不改善人民生活，只能

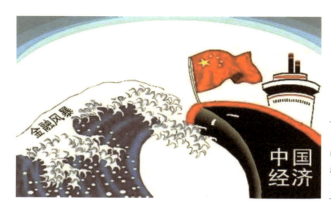

中国成功抵御国际金融风暴，彰显了中国特色社会主义的强大生命力和创造力。

是死路一条。而新自由主义思潮在中国的传播，就是借改革开放之名，行资本主义道路之实。当前，面对新自由主义思潮的传播和影响，我们尤其要保持理论清醒，正确区分新自由主义与社会主义经济体制改革之间的本质不同，认清新自由主义的历史性、阶级性和局限性，破除其救世主的神话，自觉抵制、防范和排除新自由主义思潮的渗透和干扰。展望未来，只要我们始终坚持以马克思主义为指导，坚持从我国国情出发，尊重历史传统，尊重科学发展规律，维护最广大人民群众根本利益，就一定能坚定不移走好中国人自己的路，在中国特色社会主义道路上实现中华民族的伟大复兴！

拓展阅读

《中共中央关于全面深化改革若干重大问题的决定》，人民出版社2013年版。

习近平：《关于〈中共中央关于全面深化改革若干重大问题的决定〉的说明》，《人民日报》2013年11月16日第1版。

（执笔人：王永贵）

◎ 如何看待"西方新闻观"

　　展示昂扬向上的社会主流、反映光明进步的社会本质，是正面宣传的根本要义，是新闻舆论工作围绕中心、服务大局的必然要求。要坚持党管媒体原则不动摇，坚持马克思主义新闻观，牢牢把握正确导向，大力弘扬一切有利于坚定共同理想、凝聚奋进力量的思想和精神，一切有利于推动科学发展、促进社会和谐的思想和精神，一切有利于实现国家富强、增进人民幸福的思想和精神，一切有利于全面建成小康社会、实现中华民族伟大复兴中国梦的思想和精神，发挥正面宣传鼓舞人、激励人的作用。

　　——《习近平总书记系列重要讲话读本》，学习出版社、人民出版社2014年版，第97页。

新闻观是人们对于新闻现象的本质与规律、新闻传播活动的目的与价值的根本观点和看法。不同的国家、政党、民族、阶级有不同的新闻观，新闻观上的差异主要源于社会经济基础与政治制度的差异，源于不同的历史文化传统与现实国情。新闻观不过是现实的经济、政治与文化发展状态与要求在新闻传播上的观念体现。当下这个时代，大众传媒高度发达，甚至被认为进入到了全媒体时代、"媒体奇观"时代，众多的媒体管理者、媒体经营者、媒体从业人员都自觉或不自觉地拥有自己的新闻观，并左右着各自的传播行为和媒体经营行为。在当代中国，就有一些人崇奉西方新闻观：与西方所谓的"新闻自由"思潮"遥相呼应"，甚至"里应外合"，极力推崇西方的所谓"独立媒体"，认为媒体是"社会公器"、"第四权力"，政府不应该进行限制；强调新闻的所谓"客观、中立、公正"，指责"中国没有新闻自由"，等等。事实上，从来就不曾存在过绝对的新闻自由，也从来没出现过西方标榜的绝对"客观、中立、公正"的新闻媒体。为此，很有必要从理论与实践、理想与现实、历史与逻辑等多重视角，透视与认清西方新闻观特别是其新闻自由观的本质。

一、西方新闻观的形成与发展

列宁说过："在社会科学问题上有一种最可靠的方法……那就是不要忘记基本的历史联系，考察每个问题都要看某种现象在历史上是怎样产生，在发展中经过了哪些主要阶段，并根据它的这种发展去考察这一事物现在是怎样的。"[1] 要了解西方新闻观，得从头说

---

[1]《列宁选集》第4卷，人民出版社1995年版，第26页。

起，把握它的历史发展。

1. 西方新闻观形成的历史背景

在西方世界，最具有代表性的传统媒介——报纸，它的诞生与经济和社会的发展休戚相关。14—16世纪，手抄和印刷的新闻传单先后在欧洲诞生。随着美洲新大陆的发现，欧洲地中海沿岸和尼德兰地区贸易日益发达。在一些商业城市里，最晚从14世纪起，就有人向王公贵族和商人提供关于商情、船期、外国情况的有着各种名称的不定期手抄传单，并收取一定费用。最早使用"报纸"一词的刊物，是1566年威尼斯不定期发行的《威尼斯小报》，内容仍以商业讯息为主，此一名词后来成为欧洲各国报纸的通称。可见，报纸的产生源于商业需要，初期的报纸雏形在内容上以商业信息为主。而到了资产阶级民主革命初期，报纸就成了新兴资产阶级向封建王公贵族争夺平等话语权的舞台，由此他们极力主张平等的不受限制的新闻自由。

1628年，英国议会开始编印出版议会活动的记录，这是报道国内新闻的开端。1642年，封建王室贵族与以清教徒为代表的资产阶级之间的内战爆发。内战期间，英国出现了称为"日报"的期刊，以报道内战为重点。此时，报纸作为一个战事报道的平台，其所附带的政治倾向已无法避免。新兴资产阶级针对封建王公贵族对公共话语权的霸占以及对不同言论的压制，力倡新闻自由。1644年，约翰·弥尔顿在英国议会出版委员会发表了著名的《论出版自由》，法国革命领袖米拉波深受其影响，将《论出版自由》译成法文。1688—1689年光荣革命以后，教会和政府对印刷出版业的许多限制被取消。随着资产阶级的崛起和两党制度的形成，英国稳步走向资本主义，它的报业也迎来了兴旺时期。

可见，正在崛起的欧洲资产阶级为了推翻封建阶级统治，针对封建统治阶级对新闻采取的专制主义、集权主义，展开了争取新闻自由的斗争。同时，资产阶级推行的自由市场经济，其基本前提是信息的自由流动，是各利益集团意见的自由表达，自由主义报刊理论因适应与满足了这种需要，在西方各国逐渐成为主导性理论。

到19世纪末20世纪初，资本从自由竞争走向垄断，资产阶级从对封建势力的"革命"走向维护自身统治的"保守"。在这一背景下，本来就具有片面性、空想性的新闻自由思想遭遇了空前的危机。一方面，"新闻自由"在实践中被引向绝对化，新闻界因自由、不负责任而陷入混乱，支配新闻媒体的不是理性、真理，而是利润至上，"煽情"、"谎言"泛滥；另一方面，伴随着从自由资本主义向垄断资本主义的发展，报业也由自由竞争走向兼并、垄断，垄断资本主宰了报刊，"意见的自由市场"实际上名存实亡。

2. 西方新闻自由理论的现代构建

美国的威廉·哈森在其著作《世界新闻多棱镜》中说：

> 西方崇尚的新闻自由的理想，实际在很大程度上是18世纪的欧洲启蒙运动，以及约翰·弥尔顿、约翰·洛克、托马斯·杰斐逊还有约翰·斯图尔特·密尔等人的著作中所反映的自由政治传统的一种附产品。

在西方，以所谓"新闻自由"为标识的西方新闻观，其理论基础是"意见的自由市场"和"自我修正"理论。该观点的首倡者是英国人约翰·弥尔顿，他在《论出版自由》一书中提出：观点是可以放到公开的市场上相互比较的，每个人都可以根据自己的理性能力来判断观点的对错；在公开的观点市场中，经过每个人的理性判断和频繁交流，真理就会更加明确地被认识到。言论出版自由至关重要，是人类最重要的自由。

进入18世纪，启蒙运动、法国大革命使法国成为欧洲风暴的中心，一大批启蒙思想家如孟德斯鸠、卢梭等为言论出版自由再度堂皇"叙事"，罗伯斯庇尔在世界新闻史上第一个系统阐述了新闻自由立法思想，新闻出版自由于1789年写进《人权宣言》，成为宪法条款，也成为1789年美国宪法修正案的基本规定。1859年，英国哲学家密尔出版《论自由》一书，被公认为自由主义理论从近代走向现代的标志。该书集中反驳了与言论自由相对立的观点，全面论述了言论自由与个性自由对个

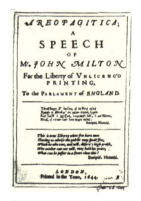

1644年《论出版自由》的封面　　中译本封面

人幸福与社会进步的巨大作用，是西方新闻思想史上为自由辩护和论证的集大成之作。

在20世纪之前，报刊几乎是西方新闻界的代名词，因此西方新闻自由理论的现代发展可概括为一种"自由主义报刊理论"。根据有关学者归纳，所谓西方"新闻自由"的原则与理念，可以概括为以下四个方面内容：（1）报刊不受政府的干涉和控制，人人都有不

经批准自由出版报刊的权利。（2）报刊拥有对政府的监督权，并被认为是行政、立法、司法之外代表公众监督政府的第四种权力。（3）报刊是发表各种意见和思想的自由市场，公众在接触各种不同意见的时候，能够凭自己的理性识别真伪、判断善恶，能够"自行修正"。（4）报刊的职责是客观地反映现实而不是向公众灌输某种观点，客观报道是新闻职业的最高道德标准。以上四条向来被认为是西方新闻自由的基本理念，至今仍是西方国家对外输出的新闻观的主要信条。

◇ **延伸阅读**

美国著名学者赫伯特·阿特休尔于1984年所写的《权力的媒介》一书，被认为是继著名的《报刊的四种理论》（1956）之后，西方新闻理论又一本标志性著作。该书突破了传统的唯西方新闻观独尊的模式，认为当代世界的新闻媒介体系与新闻价值观犹如一部交响乐，是"三个乐章"的合奏："市场经济"（欧美）乐章、"马克思主义"（苏联、中国）乐章和"进步中的世界"（发展中世界）乐章。

3. 西方新闻自由理论遭遇的当代困境

近些年来，以上述四个理念为核心的西方新闻自由理论也被我国思想界、新闻界的一些人所津津乐道。殊不知，从其形成之初到其实践过程，批判其理论上的幻想性与虚伪性、揭示其实践上的危机与困境的种种"自由"论战就与之相伴随。19世纪中叶诞生的马克思主义曾深刻批判了资本主义社会的"伪自由"与"不自由"，并在批判中努力构建起社会主义新闻自由理论。而且，即使在资产阶级思想阵营内部，批评之声也不绝于耳，并形成了一股强劲的思潮，其中最有代表性的就是新闻"社会责任论"的兴起。

哈钦斯（1899—1977），美国教育家，曾任芝加哥大学校长、美国新闻自由委员会主席，以《自由而负责的新闻界》闻名西方。

在资产阶级的政治与学术势力内部，对西方新闻自由的危机与矛盾进行揭露的首推新闻"社会责任论"者。"社会责任论"的形成前后有十几年的时间。其提出起始于1942年《时代》出版公司老板卢斯"对报刊自由的现状与前景进行一项调查分析"的提议，为此，卢斯出资20万美元委托时任芝加哥大学校长的罗伯特·梅纳德·哈钦斯（Robert Maynard Hutchins）组建"新闻自由委员会"（哈钦斯委员会），开展相关研究。至1947年，经过长达四年的研究，哈钦斯与他网罗的12位著名专家共同撰写的总报告《自由而负责的新闻界》面世，该书认为西方世界的新闻自由正面临严重危机，大众传媒已不能满足公众需要，正在变为少数人的传播工具。新闻"社会责任论"的另一主要倡导者施拉姆认为，对"新闻自由"带来的问题的批评在19世纪就大量存在，20世纪以来批评火力更猛烈，"新闻自由处于危险中"。在他看来，西方"新闻自由"的困境主要包括以下七个方面：

（1）报刊行使巨大的权力为自己的目的服务。报刊老板特别在政治和经济问题上传播自己的意见，不惜损害反对意见。

◎ **专家观点**

名家论现代西方新闻自由

无限制的自由的危险与限制自由的危险，已经构成了一个政治学上的问题，似乎人类理智迄今还无法解决。如果除了本国当局事前所批准的东西以外，什么都不能出版，那么权力就永远成了真理的标准；如果每个空想的革新家可以宣传他的计划，那就将不知所从；如果每个对政府有怨言的人都可以散播不满情绪，那就不会有安定；如果每个神学的怀疑论者都可以宣扬他的愚蠢想法，那就不会有宗教。

——英国学者萨缪尔·约翰逊

无论过去还是现在，新闻媒介都没有展现出独立行动的图景，而是为那些所有者和经营者的利益提供服务。

——美国学者赫伯特·阿特休尔

（2）报刊为大商业效劳，并且让广告客户控制其编辑方针和编辑内容。

（3）报刊抵抗社会革命。

（4）报刊的报道时常更多地把注意力投向肤浅的和煽情的事件，而不是有意义的事情。

（5）报刊已经危害了社会道德。

（6）报刊无理地侵犯了个人的私生活。

（7）报刊被一个社会经济阶级——笼统地说即"商业阶级"——所控制，新来者难于进入这一行业。因此，自由而公开的思想市场被损害了。

由此可见，在新闻自由旗帜下的新闻乱象、新闻恶行乃至新闻肮脏内幕，连资产阶级有识之士也忍无可忍了。他们提出的新闻社会责任理论作为自由主义报刊理论的"修正版"，核心思想不是不要新闻自由，而是强调政府不能只允许自由，它还必须积极作为，通过必要的干预以防止自由的滥用；言论自由是一种权利，但同这种权利必然相伴随的是义务，言论自由应以每个人对于他的思想负有义务为基础：如果一个人不承担起对自己良心的义务，反而运用言论自由去煽动仇恨、诽谤、说谎，那他就没有要求言论自由的权利。

无疑，"社会责任论"是对传统的西方新闻自由观的"纠正"，它以积极的自由观、政府的干预协调、媒体的社会责任与义务等观点，修正了此前的自由主义新闻理论，但其思想灵魂仍然是自由主义的"新闻自由"，理论基础仍然是"意见的自由市场"与"自我修正"理论，它所做的是为其作新的辩护、护卫和拓展。它无法解决自己提出的任务：如何使垄断集团对新闻传媒的控制不威胁新闻自由？同时还陷入新的无法自拔的矛盾之中：既要防范政府干预媒体，又要求政府约束传媒。实际上，在资本主义制度范围内，其任务与矛盾不可能解决。在资本主义社会，新闻自由事实上只能是垄断资本的无上特权，对此列宁阐述得十分清楚：资产阶级新闻出版自由就其实质而言，是有钱人的自由。出版自由就是富人有出版自由，就是由资本家霸占一切报刊。这种霸占的结果使包括最自由的国家在内的世界各国一切地方的报刊实际上都成了被人收买的报刊。①

■ 二、西方新闻自由观的核心理念及其实践辨析

综观西方新闻观的前世今生、来龙去脉，可谓魂系"新闻自由"。这种新闻自由观不仅主张新闻不受党派、政府干预，而且认为新闻是政府的永恒监督者，是"社会公器"、"第四权力"；它

---

① 参见《列宁全集》第33卷，人民出版社1985年版，第47页。

还强调所谓新闻的客观性、中立性、公正性等。这一切，"看上去很迷人"，但本质上又是怎么一回事呢？

1. 媒体可以不受政府干预吗

西方新闻观认为，新闻自由是人的基本权利，应该所有人都享有。他们所谓的"新闻自由"指的是：（1）不受批准自由出版刊物，既不必向政府申请营业执照或交付保证金，在政治、经济上亦不受限制，人人都有出版权；（2）不受任何形式的事先审查，可以发布任何新闻和发表任何意见；（3）不受限制地自由接近新闻源。可见，自由地、不受政府干预地举办新闻媒体、发表新闻和言论与出版书刊，是他们所谓的"新闻自由"的第一要义。

媒体果真可以不受政府干预和控制吗？其实不然，就以美国为例，虽然号称不直接干预媒体的报道方针、内容、形式，但从法律上美国宪法对媒体还是设置了"底线"，其中有18种言论不在保障之列，如危害公共秩序导致暴乱的言论、违背契约而泄露国家机密的言论、妨碍他人权利的言论等。除此之外，美国政府总是经常公开或隐蔽地插手、干预媒体。如"9·11"事件发生后，美国政府要求新闻媒体不能播出本·拉登和塔利班领导人的讲话。9月28日，"美国之音"台长惠特·沃恩及其主管国际广播理事会主席因违规被撤职，同时，政府还削减了几百万美元的经费以示惩罚。新任台长罗伯特·赖利因在播出的剪辑片段中出现塔利班领导人奥马尔，仅上任10个月就被迫辞职。

最近的典型例子，就是对维基网站的直接打压。维基解密（Wiki Leaks）是由澳大利亚人朱利安·阿桑奇于2006年创办的非营利性的国际媒体组织，专门公开匿名来源和网络泄露的文档。维基解密奉行"内容开放"与"观点中立"，目标是与新闻故事并肩，把重要新闻和信息带给公众，发布来自信息源头的第一手资料，以使读者和史学家可以看到真相存在的证据。2010年，维基解密曝光了诸多往来于美国国务院和美国约270个驻外使领馆的机密文件，记录了诸多外交内幕。对此，前国务卿希拉里强烈谴责阿桑奇严重威胁了美国国家安全。12月初，包括弗吉尼亚州地方法院在内的美国政府向社交网站推特（Twitter）发出传票，要求该公司提供包括阿桑奇在内的五名"维基解密"网站相关人员的账号信息（其中三人并不是美国公民）。国际刑警组织差不多同时以涉嫌强奸和性骚扰罪为名对阿桑奇发出红色通缉令，要求各成

美国全力封杀维基解密创办者阿桑奇

员国立即逮捕他，从而引爆世界性热点话题。2012年8月，维基解密表示，因为披露大量信息而一度遭到来自美国的持续的DOS（拒绝服务）黑客攻击，导致网站反应迟缓或无法登录。被人称为"黑客罗宾汉"的阿桑奇成为美国政府的"眼中钉"，不得不逃离以新闻自由标榜自己的美国，至今还躲在厄瓜多尔驻英国大使馆，并得到厄瓜多尔的政治庇护。美国政府反复打压并以非法手段迫害"泄密者"阿桑奇的所作所为足以表明，美国所谓的新闻自由不过是水中花、镜中月。

除直接打压不听话媒体外，美国政府控制媒体、操纵舆论的手段还有以下几个方面：一是直接编造假新闻。《纽约时报》

就曾发表题为《布什当政：一个预先包装的电视新闻的新时代》的文章，对政府不顾客观实际、有蓄谋地编造一系列假新闻进行了批评。比如，伊拉克战争期间，当美军攻占巴格达的消息传来，许多美国人都在电视新闻中看到堪萨斯城一个伊拉克裔美国人激动地说："谢谢你，布什。谢谢你，美国。"这短短的几秒钟精彩得胜过长篇大论，让不少美国人自豪骄傲。但这条新闻却是由美国国务院精心筹划的杰作。在美国，这样预制的"新闻作品"比比皆是。据透露，乔治·布什总统执政期间，至少有20家联邦机构（包括国防部和人口普查局）制作并发布了数百条事先制造的"新闻"。在伊拉克战争中，五角大楼编造的假新闻让媒体多次上当（如最有名的是"拯救女兵林奇"），英国《独立报》为其列出的战争谎言就有20条之多。在这些谎言的背后大都能看到美国政府的影子，编造假新闻已经成为美国政府的拿手好戏。

二是委托公关公司制造新闻。美国政府官员擅长同公关公司打交道，经常委托公关公司模仿媒体预先制作高质量的"新闻"以提供给媒体，用间接的隐蔽手段来达到操控舆论的目的。在《至关重要的新闻：电视与美国民意》一书中，作者艾英戈和金德认为，美国电视新闻表现美国社会和政治时有四个特点，其中之一就是作为"政府和主流意识形态的速记员"。

三是政府出钱控制媒体。美国政府控制的最大新闻机构"美国之音"有2100个雇员，每年预算8500万美元，用38种语言对外广播，上世纪60年代主要是针对苏联、东欧和中国。美国新闻署每年向"美国之音"拨付1.7亿多美元，以支持其宣传美国的价值观。

由此可见，以美国为首的西方国家虽然一直在倡导新闻自由，声称媒体不受政府干预，但一旦触犯他们的国家利益时，都会毫不犹豫地对新闻报道实施管制。

2. 媒体如何监督政府

西方"新闻自由"理论广义上属于西方民主政治理论。在现代西方民主政治理论的架构中，政府权力的合法性被认为源于人民的同意，而如何保障人民权利与约束政府权力，则是近现代西方政治理论的基本主题。为此，洛克等提出分权与制衡理论，并诉诸于言论出版自由，认为保持对政府的舆论监督，是约束政府权力、使其不被滥用的基本途径与有力武器。公众的舆论作为约束权力的一种权力，被推崇为除"三权"（立法、司法、行政）之外的第四权力。由此，在西方新闻观中，媒体揭露、批评、监督政府及其官员乃是天经地义的事情，批评、监督政府及其官员也是许多媒体人自视甚高的职责。在西方各国确立自由主义报刊体制中，被认为贡献最大、影响最大的是杰斐逊，他就反复指出：人民是统治者的唯一监督者，而人民监督政府的权力，最主要的途径就是自由报刊。作为报业一代"巨擘"的普利策，在1878年创办的《圣路易斯邮讯报》创刊号上公开称其办报理念就是："不为政党，而为人民服务；不是共和党的而是真理的喉舌"。他强调要"把无赖的政界、有钱的偷税者、受警察保护的赌博集团和营私舞弊的公用事业作为主要的批评对象"。

表面上看，媒体发挥监督政府的社会作用，这本是媒体的社会功能的应有之义，似无不当之处。从现象看，西方媒体似乎也可以"独立"地监督政府、批评官员，甚至造成总统下台（如"水门事件"）、政府更迭，实现了媒体的独立性、监督权。但这些只是西方新闻观最具迷惑性的表面、外部特征。总体的情况究竟如何呢？实质又是什么呢？

"占领华尔街"（OWS）运动中民众自发刊行的报纸

首先，从媒体看，其批评、监督政府的自由不是绝对的、无限制的，而有一条不可碰触的"红线"，这根"红线"就是不能从根本上触犯资本主义国家利益及资本主义统治秩序与基本经济制度。西方媒体在这方面是非常"自觉的"。典型写照就是2011年美国主流媒体对席卷全美的"占领华尔街"抗议运动的报道。不错，当年普利策在为西方新闻理念立调时曾宣称："永远与特权阶层和压迫阶级作对，决不失去对贫困者的同情。"然而，当"占领华尔街"运动呼喊出"我们是劳动者，我们是人口的99%，却是现代化奴隶，一小撮华尔街金融寡头不过是人口的1%，却成了国家真正的主人"时，美国主流媒体一改往日对别国同类事件高度关注、密集报道甚至疯狂炒作的姿态，对这场"99%反抗1%"的运动表现出一种无动于衷的冷漠、视若无睹的消极，既没有及时报道，更没有大肆炒作，后来的报道口径主要是与一些政界一道指责抗议民众的"脏、乱、差"，指斥抗议者为"刁民"、"暴徒"、"乌合之众"。

其次，从政府方面看，对媒体的批评、监督也不是不加干预的。世界上不存在绝对的新闻自由，各国新闻媒体都会受到政府的干预，只是方式、程度、范围不同而已。前面我们已讲过，在西方，政府从来没有放松过对媒体的管束与控制，有时是公开的，有时是隐蔽的。实际上，美国政府控制媒体、打压迫害异己的实践与现象可谓是由来已久、屡见不鲜：18世纪，10名报纸编辑因批评美国政府而遭逮捕并被判有罪；19世纪初，美国政府起诉一名对杰斐逊总统进行过煽动性诽谤的联邦党报纸编辑并治罪；19世纪中期，林肯总统采取查禁和勒令停刊等办法来对付反政府的报纸；20世纪50年代，丹尼斯等11名美共报纸编辑被美国政府指控犯有煽动暴力推翻美国政府罪；20世纪60年代，美国涌现出一批新左翼报纸，联邦调查局、中央情报局和警察不断骚扰这些报纸，非法闯入搜

◇ **延伸阅读**

被资本垄断与"绑架"的新闻自由

大量资料显示，西方媒体大都属于私有，被财团、企业所操纵，如果看看NBC、ABC、CNN、CBS背后的大老板，就会发现控制整个美国媒介体制的是极少数大公司和一小撮媒体寡头：美国全国传播公司（NBC）被通用电气收购，后者则被摩根财团控制；美国有线电视公司（CNN）的后台老板是传媒巨头时代华纳，而时代华纳的13位董事会成员中，有10位都是投资公司、跨国企业、知名媒体的高管和前政府高官；拥有美国广播公司（ABC）等媒体的另一传媒巨头迪斯尼集团，其董事会成员包括了波音、宝洁、维萨、谷歌、星巴克等多家知名企业的前任或现任高管……实际上，像这样财团高管出任传媒董事、财团与传媒相互渗透的现象，在西方传媒界十分普遍。这些财团巨头办媒体企业的目标就是实现利润的最大化，资本的趋利性注定了其新闻媒体无论如何都无法摆脱资本和利益集团的束缚与制约，这种制约也必然会埋葬他们所谓的新闻自由，其中包括所谓对政府的永恒的监督权。

——摘自凌言《西方新闻自由的本质与我国新闻事业的使命》，载《红旗文稿》2005年第3期

查，窃取档案，窃听电话，甚至捏造罪名，逮捕这些报社的编辑和记者；进入21世纪后，美国政府仍然继承过去的传统，对那些"揭丑"的报纸及其报人进行打击。[①]

第三，从本质上看，真正决定媒体及其从业人员能否及怎样批评与监督政府的是资本。媒体对政府的监督，服从的是资本统治的法则，真正至高无上的是经营媒体的垄断资本，是资本说了算。在当代西方，传媒逐步集中在少数垄断集团手中，被少数实力雄厚的垄断集团兼并和垄断。政府与传媒大亨的关系既似对手，更是"情人"，是一种彼此独立又相互利用、既对立又合作的关系。西方国家的新闻业，无论是政党、政府举办，还是由私人举办，都有财团或政治集团为背景。新闻从业人员的活动如果违背了他们所从属的财团或政治集团的意志和利益，就会被解雇。许多知名人士都指出，西方的新闻自由实际上是被资本垄断与"绑架"的自由，资产阶级的新闻自由是为维护资产阶级整体利益和资本主义根本制度服务的。

3. 新闻能做到中立、客观、公正吗

西方新闻观基于抽象的人性论，认为人都有言论自由的基本权利，这是不可剥夺的"人权"，而新闻媒体应提供一个"意见的自由市场"，提供一个正确意见和错误意见的辩论场所，让意见在公开的表达与辩论中"自行修正"，客观地凸显出正确的意见来。随着这一"意见自由市场"理论的确立，西方世界从19世纪中叶以来发展起了所谓的"客观报道的理论"，形成了"客观主义"新闻思

---

① 参见丰纯高《论社会主义新闻自由》，中国传媒大学出版社2014年版，第162页。

潮，特别强调新闻的客观性、中立性、公正性，这构成了西方新闻自由观的又一核心内容。

在西方，美联社被公认为是最早提出与大力推行"客观性原则"的媒体。曾任美联社总经理长达25年的库珀主张，客观性原则是"真实而公平的"。之后的另一位总经理加拉格尔则声称，一个客观的新闻工作者决不能让自我压倒良心或理智，他应试图去拨开笼罩在无数问题上的偏见与结党成派之云雾，保持"中立"。有"美联社之父"称号的斯通则将客观性原则化为"5W1H"模式，风靡一时，流传至今。

──▶ 小贴士

什么叫"美联体"

在欧美，随着19世纪中后期商业通讯社的崛起，要求新闻传播摆脱政治立场和个人观点的束缚，尽可能地务求客观、真实，从而最大限度地满足不同读者和用户的需求，成为一种潮流，即所谓的"客观主义"新闻思潮。其中以"简约"和"写实"为基本要求、以"5W1H"和"倒金字塔"为基本形式的"美联体"（AP style），被认为是新闻客观性原则的集中体现，并逐渐成为美国乃至世界新闻业的标杆。"5W1H"新闻导语模式即消息的开头部分要囊括新闻报道所必需的"何时"（when）、"何地"（where）、"何人"（who）、"何事"（what）、"何因"（why）以及"如何"（how）这六个最基本要求。

但是，美联社真的就如他们自己所说的那样"客观、中立"？对西方新闻观强调的所谓"中立、客观、公正"，我们究竟应当怎么看？

首先，所谓新闻的"中立性"。西方新闻界认定，为了保障新闻自由，新闻媒体必须是专业化企业，政治上应保持中立，并独立于商业价值。但是，新闻界人士都知道，在实际操作中，任何一家媒体都无法确保其提供的新闻是中立的。比如，一家报纸决定什么新闻上头版、什么新闻不报道，反对什么、提倡什么，本身就体现了主编或媒体集团的价值观。西方新闻报道所谓的"中立性"，理论上说不通，实际上根本做不到。在西方，一方面，凡有争议或冲突的新闻报道，总是要请官员或公众人物（包括商业巨头）发表观点，这就给予了这些官员和公众人物以极大的议程设置权，他们可以引导公众关注什么、不关注什么，其利益取向和价值立场不免渗透其中；另一方面，在新闻报道中，一条新闻必须挂在一个"新闻钩"（如，突发事件、政府的新闻发布或示威抗议等）上才有报道价值，而这种"新闻钩"的选择，也会体现编辑或记者的立场和价值取向。比如，2001年7月意大利热那亚西方八国首脑会议会场外发生10万知识分子、学生、新闻记者和手无寸铁的市民和平抗议全球化的示威游行，军警开枪镇压，一名意大利青年学生被打死。对这场轰轰烈烈的示威，西方媒体的报道却十分吝啬。报道焦点不是放在抗议群众提出的要求和呼声上，而是放在少数抗议者焚烧汽车上，并引用警方的话强调被打死的是个吸毒者，以此暗示参加示威人群的不合法性和不值得同情。与此同时，西方媒体却用整版篇幅报道西方首脑们在会上为全球化大唱赞歌的声音。

其次，所谓的"客观性、公正性"。一般而论，追求新闻的客观、公正，本也无可厚非，问题在于什么是客观、公正。西方新闻观强调的"客观、公正"之要义，是排斥新闻的任何党性、倾向性或导向性，主张新闻是超阶级、超党派、超集团、"不偏不倚"

的。这在实践上是完全不可能的。这是因为，新闻报道本来就是主观见之于客观的活动，很难排除主观因素，媒体人本身也是处在一定的社会关系中的现实的人，他不具一双通观一切的"上帝之眼"，也不是一台严守中立、毫无偏见的"电脑"，其阶级属性、生活方式、政治观念、价值判断均掩藏在所谓"客观、公正"的背后。美国新闻评论员爱尔默·戴维斯说：即使一个人的本性是严谨的，他的态度也不可能做到像他所打算做的那样精确，因为他并不了解各个角度，而且他必须马上采访所碰到的事情，并加以报道，这就使他没有时间去作全面的考察。大量资料表明，在西方主要资本主义国家，除了少数革命团体主办的新闻媒体外，从总体上说媒体都是按资产阶级的党性原则，即资产阶级的政治观、价值观和新闻观进行工作的。

★ 知识链接

鲁伯特·默多克，全球最大的"传媒帝国"新闻集团的董事长兼总裁，他建立起了一个富可敌国的"传媒帝国"，并形成一种所谓的报业文化，那就是为获取新闻可以不择手段，记者可以带支票簿采访，可以高价买断新闻来源，可以买通警察获取内部新闻，可以雇用特工人员窃听当事人。以该集团旗下的《世界新闻报》为例，这是一份有100多年历史的报纸，以爆料名人隐私著称。该报曾捏造影星克林特·伊斯特伍德有一个私生子。该假新闻被揭穿后，该报发表声明向伊斯特伍德道歉，并赔偿了一笔费用，而更为离奇的是，《世界新闻报》并未因此受损，由于"吸引眼球"却换来发行量的增长。默多克对此的回应是："对报纸来说，关键是生产有人读的产品。报纸同其他行业一样，是一门生意，而不是行善。"这就是媒体大亨默多克的新闻观，透过它，西方新闻观的客观性、公正性也可见一斑！

2011年7月10日，《世界新闻报》因为卷入窃听丑闻而被迫关门停刊。图为"窃听门事件"发生后，默多克首次露面接受媒体采访。

在最近对昆明暴恐事件的报道中，以中立、客观、公正为标榜的西方新闻自由的虚伪性体现得更为露骨、典型。2014年3月1日晚，10余名统一着装的暴徒蒙面持刀在云南昆明火车站广场、售票厅等处砍杀无辜群众，造成31人死亡、100多人受伤。这是一起事实确凿的暴力恐怖事件，10名暴徒是不折不扣的恐怖分子。

2014年3月1日晚，昆明严重暴力恐怖事件致31人死亡141人受伤

但是，包括美国有线电视新闻网（CNN）、美联社、《纽约时报》、《华盛顿邮报》、BBC、路透社在内的一些西方主流媒体的报道却阴阳怪气，一反以往在"反恐"问题上叫得最响的姿态，群体性歪曲事实、混淆视听，甚至不愿使用"恐怖分子"一词。CNN将恐怖分子打上引号，并居心叵测地称此类"持刀袭击"并非

第一次。美联社在相关报道中加上"官方所称的恐怖分子"这一前缀，《纽约时报》等将恐怖分子称为"攻击者"。BBC则更为"老道"，表述极尽"客观"："昆明大规模致命砍刺事件"。在副标题位置上的一行小字中出现了"暴力恐怖袭击"这几个词语，当然也是有引号的。BBC的理由是，自己是在引用中国国家电视台的描述。在报道末尾，BBC再次大秀"公正、客观"，表示上述引用的中国官方内容"未经证实"。路透社的标题干脆不加什么引号，直接把恐怖分子变成"激进分子"、"好斗分子"（militant）。《华盛顿邮报》与路透社不谋而合，将恐怖袭击称为"持刀攻击事件"（knife attack）。

☆ 网友文摘

西方"新闻自由论"奉行双重标准

同样是说话，为中国政府说话，就是媒体被政府收买和操控，属于"粉饰太平、歌功颂德"；而为美国和西方势力说话，就属于"言论自由，是人民的呼声、民主的胜利"。

同样是发展军力，美国和西方发展军力就是维护世界和平的正义之举，而中国发展军力就是威胁世界和平、穷兵黩武。

同样是货币贬值，美元贬值就一定是市场行为，跟美国滥发货币无关，而人民币贬值就一定是政府操控，必须受到追究和惩罚。

同样是游行示威，在西方体现了民主，而在发展中国家则成了人民对抗强权暴政的象征。

同样是武力镇压游行，在利比亚是暴君卡扎菲对人民犯下的滔天罪行，而在西方盟友国家卡塔尔，则成了维护社会和平安宁的正义之举。

——摘自网友"时代尖兵"于2011年10月19日发表于天涯论坛的网帖《看西方舆论如何忽悠中国人和全世界》

西方主流媒体在对中国问题报道上的傲慢态度与主观偏见可谓由来已久。令人记忆犹新的是，西方媒体报道2008年的拉萨暴乱时，竟然采用了尼泊尔警察打藏民的照片和画面，却说是中国军人在殴打藏民。今天它们故伎重演，群体性失真。对此，3月3日《人民日报》刊文指出：在如此一清二楚的事实面前，这些媒体的表现已经不仅仅是虚伪，而是在偏见的驱使下全然露出一副冷酷嘴脸。正如波兰亚洲研究中心主任拉德克·佩菲尔所表示的，发生在中国昆明火车站的暴力恐怖事件绝对是恐怖主义活动，一些西方媒体对此如果还要质疑，只能说是背弃了最基本的职业道德。对此，西方媒体应深刻反省。

三、坚持马克思主义新闻观的指导地位

中央电视台一位节目主持人2014年3月10日在《人民日报》上发表文章，其中有一段话颇耐人寻味：

初闻要集体组织学习马克思主义新闻观，有点疑惑，我们在学校不都已经听过课、考过试吗？学新闻、学电视的人，哪个不是从这条河里蹚过去才上岸的？如今工作十几年了，为何还要重学一遍？但回过头再想想，对于这条河的样子，自己真的还记得吗？不得不承认，模糊了。除了"马克思主义新闻观"这八个字，剩下的几乎一片空白。像个徒步者，擎着个巨大的水囊上路，以为万无一失，可天气干燥、路途迢迢，倏忽发觉水囊已经空了。那么，重新找到这条河，装满我们的水囊，就显得十分必要。

许多新闻工作者可能都会有这种感受，天天忙啊忙啊忙，"来不及

停下来思想，在混沌中往前跑着、跑着、跑着，就把自己弄丢了"，因此找回自己，找到方向，确有必要重新从马克思主义这条"河流"中，装满艰辛而崇高的新闻之旅必备的"水囊"。此时此刻，我们要思考的问题是：马克思主义新闻观是什么？它与西方的新闻观有什么区别？为什么在当代中国我们仍然需要坚持马克思主义新闻观？

1. 马克思主义新闻观是什么

马克思主义新闻观是马克思主义关于新闻现象、新闻传播活动的总的观点与看法的思想体系。马克思主义新闻观与西方新闻观的区别，不在于要不要"新闻自由"，而是要什么样的"新闻自由"以及怎样实现真正的、实质上的新闻自由。马克思主义新闻观的形成、确立及成就，来自于马克思、恩格斯对新闻实践的系统理论总结，特别是与他们投身的新闻实践密不可分的。无论是马克思、恩格斯还是列宁，他们的革命活动始终伴随着新闻宣传和出版工作，他们一生都在为新闻出版自由而奋斗。

从理论上看，马克思、恩格斯都是酷爱自由的思想家，他们的全部学说指向一个主题、一个理想，那就是人类的自由解放。马克思曾铿锵有力地说："没有新闻出版自由，其他一切自由都会成为泡影。自由的每一种形式都制约着另一种形式，正像身体的一部分制约着另一部分一样。只要每一种自由成了问题，那么整个自由都成了问题。"[1]恩格斯也说过："政治自由、集会结社的权利和出版自由，就是我们的武器；如果有人想从我们手里夺走这个武器，难道我们能够袖手旁观和放弃政治吗？"[2]

---

[1]《马克思恩格斯全集》第1卷，人民出版社1995年版，第201页。
[2]《马克思恩格斯选集》第2卷，人民出版社1995年版，第440页。

马克思、恩格斯创办的《新莱茵报》版面

从实践上看，马恩毕生都在为争取与实现比资本主义更高的、更彻底的新闻自由而奋斗。1841年，马克思从柏林大学毕业后，就开始为《莱茵报》撰稿，1842年10月，年仅24岁的马克思被聘担任《莱茵报》主笔，是实际上的主编。据统计，马克思、恩格斯一生中创办、编辑和参与编辑的报刊有12家，为之撰稿的报刊超过200家，他们的论著中提到的报刊有1500家左右，当时欧美的主要媒体几乎都被他们提及、引用和评价。他们为《纽约每日论坛报》连续撰稿12年（1851—1862），发表了约500篇时事通讯，其中不少文章作为该报的社论发表，影响很大。

列宁继承了马克思、恩格斯的新闻自由思想，并系统地提出了社会主义新闻自由观。他说：

列宁在读《真理报》（1918）

要为劳动者、为个人和农民争取真正的平等和真正的民主，首先必须使资本没有雇佣作家、收买出版机关和报纸的可能性。……真正的自由和平等，将是由共产主义者建立的制度，在这种制度下，没有靠别人发财的可能性，没有直接或间接使报刊屈从于货币权力的客观可能性，没有任何东西能阻碍劳动者（或劳动者大大小小的团体）享有并实现其使用公有印刷所及公有纸张的平等权力。①

1908和1909年，列宁两次以新闻工作者的身份参加在布鲁塞尔召开的社会党新闻工作者代表国际会议。1918年10月，他向苏维埃新闻记者会递交入会申请书；在苏维埃代表大会的登记簿上关于职业、参加何种工会的栏目中，他填写的是著作家、记者工会。列宁于1895年（25岁）创办《工人事业报》，1900年参与创办《火星报》，此后他创办或主编的党报党刊达40余种。1912年，在列宁领导下，《真理报》创刊，该报后来成为俄共及苏共中央机关报。

马克思主义新闻观是一个主题鲜明、与时俱进的思想体系，这一思想体系包括一个主题、三个层面。其中，深刻揭示近现代以来西方新闻自由的矛盾，并从理论上对社会主义新闻自由给予科学论证，是马克思主义新闻观的主题。马克思指出，"资产阶级为了达到它的目的，就必然要取得自由讨论自身利益、观点以及政府的行为的可能。它把这叫做'出版自由权'……这是自由竞争的必然结果"。但在实行过程中，这种新闻出版自由又必然受到其自身经济制度与政治制度的限制。就经济制度而言，资本主义的私人占有制使新闻自由最终变成"资本的自由"，也就是说，"出版自由就仅

---

① 《列宁全集》第34卷，人民出版社1988年版，第187页。

仅是资产阶级的特权，因为出版需要钱，需要购买出版物的人，而购买出版物的人也得要有钱"。①从政治上看，"一方面'无限制的出版自由'作为人权和个人自由的后果而得到保证，一方面出版自由又被完全取缔，因为'出版自由一旦危及公共自由，就应取缔'（小罗伯斯比尔语）。换句话说，自由这一人权一旦和政治生活发生冲突，就不再是权利。"②资产阶级新闻自由内在地包含着形式的自由与实质的不自由、理想的自由与现实的不自由的矛盾，这个矛盾在资本主义制度范围内是无法解决的，只有消灭私有制、消灭剥削、实行人民民主，才能为真实的、完全的新闻自由创造条件和提供保障！请记住这个主题，这是马克思主义新闻观最要紧之处！马克思主义的全部新闻观正是对这一主题的科学解答，这为今天正确看待西方新闻自由提供了锐利的思想武器，为推进社会主义新闻自由提供了基本遵循。

马克思主义新闻观从基本内容上涉及新闻的本质、功能及新闻传播的规律等。具体包括三个层面：

首先，马克思主义新闻观的立足点与根本原则是新闻活动、新闻事业的阶级性。如同毛泽东所概括的，马克思主义新闻学的立足点是新闻有阶级性、党派性，在阶级消灭之前，不管通讯社或报纸的新闻，都具有阶级性，是阶级斗争与政治统治的工具，这是无产阶级与资产阶级都遵循的普遍规律。资产阶级所说的"新闻自由"是虚伪的，完全客观的报道是没有的。

其次，马克思主义新闻观的核心是"人民报刊"思想或人民

---

① 参见《马克思恩格斯全集》第2卷，人民出版社1995年版，第648页。
②《马克思恩格斯选集》第1卷，人民出版社1995年版，第440页。

性原则，媒体不是什么"社会公器"，而应是"自由的人民精神的千呼万应的喉舌"。如同列宁所说，它不是为饱食终日的贵妇人服务，不是为百无聊赖、胖得发愁的"几万上等人"服务，而是为千千万万劳动人民服务，为这些国家的精华、国家的力量、国家的未来服务。

第三，马克思主义新闻观的灵魂是真实性原则。实事求是，是马克思主义的精髓，也是马克思主义新闻观的精髓。马克思在主编《莱茵报》期间就指出："真实和纯洁是报纸的本质"。报刊应当"根据事实来描写事实"，而不应当"根据希望来描写事实"。

坚持马克思主义新闻观，要坚持党性（阶级性）原则、人民性原则、真实性原则，就是要旗帜鲜明地反对西方所谓的新闻自由，有序推进社会主义新闻自由建设，这"三个原则"、"一个有序推进"，正是我们在当代坚持与自觉实践马克思主义新闻观的着力点。

2. 党性原则与人民性原则的统一

今天，大概谁也不会否定，报纸等所有媒体既具有传播信息的功能，是信息的载体，同时也是意识形态机器，负载着各种思想观点与价值观，具有鲜明的意识形态属性，反映着不同阶级、集团、人群的利益诉求，具有阶级性。而党性则是阶级性最高而且最为集中的表现。坚持党性原则，是党维护人民群众利益的本质要求，是发展社会主义新闻事业的根本原则，它主要强调的是：新闻事业是党的事业的有机组成部分；新闻媒体是党和人民的喉舌，它要求新闻传媒工作者在思想上必须坚持马克思主义的指导地位，在政治上必须坚持同党中央保持一致，在工作上坚持为人民服务、为社会主义服务、为全党全国工作大局服务。

坚持新闻观的党性原则，现实意义十分重大。我国作为世界上最大的社会主义国家，将长期面对西方势力西化、分化的政治图谋。他们对所谓的新闻自由实行双重标准，使之同所谓民主、人权一道，成为敌对势力西化、分化我国的政治工具。西方新闻观所宣扬的新闻报道"仅仅是所谓真实地反映客观事实、新闻游离于意识形态之外"的观点，实质上是在否定新闻的党性原则，否定新闻媒体是党和人民的喉舌的性质，否定党对新闻工作的领导，其最终目的就是要搞乱人们的思想，搞垮我们的党和国家。

坚持人民性，如同习近平总书记在2013年8月19日全国宣传思想工作会议上指出的，就是要把实现好、维护好、发展好最广大人民根本利益作为出发点和落脚点，坚持以民为本、以人为本，解决好"为了谁、依靠谁、我是谁"这个根本问题。要树立以人民为中心的工作导向，把服务群众同教育引导群众结合起来，把满足需求同提高素养结合起来，多宣传报道人民群众的伟大奋斗和火热生活，多宣传报道人民群众中涌现出来的先进典型和感人事迹，丰富人民精神世界，增强人民精神力量，满足人民精神需求。

党性和人民性是什么关系？这在马克思主义经典作家那里有着明确的答案，现在倒成了一个所谓复杂而敏感的问题。比如有人说，马克思有"报刊是人民的耳目与喉舌"的思想，没有讲是党的喉舌，人民性应大于党性；有人问，"你是替党讲话，还是替老百姓讲话"，"你是站在党的一边，还是站在群众的一边。"这些似是而非的说法还有不少，但都是经不起刨根问底的错误认识。对此，习近平总书记在"8·19"讲话中突出地强调："党性和人民性从来都是一致的，统一的。"为什么这么说呢？这是因为我们党是全

解读习近平总书记8·19重要讲话精神

中国共产党新闻网
cpc.people.com.cn

编者按

全国宣传思想工作会议19日至20日在北京召开。习近平强调，宣传思想工作一定要把围绕中心、服务大局作为基本职责，胸怀大局，把握大势，着眼大事，找准工作切入点和着力点，做到因势而谋、应势而动、顺势而为。

意识形态工作极端重要

① 经济建设是党的中心工作，意识形态工作是党的一项极端重要的工作。
② 物质文明建设和精神文明建设都需抓好。
③ "三个事关"：能否做好意识形态工作，事关党的前途命运，事关国家长治久安，事关民族凝聚力和向心力。

巩固马克思主义在意识形态领域指导地位

① 党员、干部要坚定马克思主义、共产主义信仰
② 要深入开展中国特色社会主义宣传教育
③ 要加强社会主义核心价值体系建设

党性和人民性从来都是一致的、统一的

① 坚持党性，坚持正确政治方向，站稳政治立场
② 坚决同党中央保持高度一致，坚决维护中央权威，坚持人民性，坚持以民为本、以人为本。

弘扬主旋律，传播正能量

① 坚持团结稳定鼓劲、正面宣传为主，是宣传思想工作必须遵循的重要方针。
② 在事关大是大非和政治原则问题上，必须增强主动性、掌握主动权、打好主动仗。
③ 宣传思想工作创新，重点推进理念创新、手段创新、基层工作创新，把创新的重心放在基层一线。

讲好中国故事，传播好中国声音

① 4个"讲清楚"
讲清楚每个国家和民族的历史传统、文化积淀、基本国情不同
讲清楚中华文化积淀着中华民族最深沉的精神追求；讲清楚中华优秀传统文化是中华民族的突出优势；讲清楚中国特色社会主义植根于中华文化沃土、反映中国人民意愿、适应中国和时代发展进步要求。
② 3个"独特"
独特的文化传统，独特的历史命运，独特的基本国情，注定了我们必然要走适合自己特点的发展道路。

心全意为人民服务、代表中国最广大人民根本利益的马克思主义政党。因此从本质上说，坚持党性就是坚持人民性，坚持人民性就是坚持党性，党性寓于人民性之中，没有脱离人民性的党性，也没有脱离党性的人民性。在这里，必须注意的是，党性和人民性都是整体性的政治概念，党性是从全党而言的，人民性也是从全体人民而言的，不能简单地从某一级党组织、某一部分党员、某一个党员来理解党性，也不能简单地从某一个阶层、某部分群众、某一个具体的人来理解人民性。只有站在全党的立场上、站在全体人民的立场上，才能够真正把握好党性和人民性的有机统一。而把党性和人民性割裂开来、对立起来，搞碎片化，则不仅在理论上是错误的，在实践上也是有害的。

3. 正确舆论导向与新闻真实性的统一

坚持正确舆论导向是坚持党性与人民性的应有之义和必然要

求。这是因为，坚持党性，核心就是坚持正确政治方向，站稳政治立场，坚定宣传与体现党的理论和路线方针政策。坚持党性和人民性相统一，就是要坚持讲政治，把握正确导向，把体现党的主张和人民心声统一起来，也只有坚持党性、站在党的立场上，才能更好地、更全面地反映人民愿望。无论是新闻报道还是文艺创作，无论是报纸等传统媒体还是网络等各种新兴媒体，都要把坚持正确导向摆在首位。

—(((原声再现 ——————————————————

　　党性和人民性从来都是一致的、统一的。坚持党性，核心就是坚持正确政治方向，站稳政治立场，坚定宣传党的理论和路线方针政策，坚定宣传中央重大工作部署，坚定宣传中央关于形势的重大分析判断，坚决同党中央保持高度一致，坚决维护中央权威。

　　——2013年8月19日，习近平总书记在全国宣传思想工作会议上的讲话

　　坚持正确舆论导向，就要求媒体必须有态度、有立场、有倾向。这种态度、立场与价值取向是不可避免的，但必须建立在"真实性"的基础上，跟党性与人民性的内在要求相一致。真实性原则，就是"真实、客观、公正"。这六个字当今世界各国的新闻界都在讲，但是请注意，不同的新闻观，对其内涵有着不同的理解。不同于西方所谓的"客观主义"新闻思潮，马克思主义新闻观认为，新闻的真实性，就是要在新闻工作中坚持一切从实际出发、实事求是的思想路线，真实必须是事实的真实、总体的真实、本质的真实的统一；"客观"就是用事实说话，通过事实本身的力量来说服人、引导人；"公正"就是站在最广大人民根本利益的立场上，公正无私地报道事实和发表评论，为人民服务，对社会负责。

既要讲真实、客观，又要讲立场、倾向，而且还要有正确的导向，这在不少人看来是一个"悖论"。其实，新闻实践本身是主观见之于客观的活动，新闻报道就是一种认识，就是对实践的记录和反映，因而必然是客观内容与主观形式的统一。西方新闻观的"客观主义"思潮主张"纯客观"、"超党派"，本身就建立在错误的认识论基础上。对此，法国新闻学者贝尔纳·瓦耶纳针对"客观主义"有言：

> 人们想要报道什么事情，这本身就是思想的产物，必然也会有报道者智力的介入，因而也就必然包含个人的系数在内。报道者不可避免地会把自己摆到他所描写的情景之中，不仅是表现在他自身的参与上，尤其是表现在他对现实事物的连续性的剪裁上和他所采用的形式上。

国内有学者也一针见血地指出："'客观主义'新闻思潮，一方面竭力否认新闻报道的立场和倾向性，标榜'不偏不倚'、'中立'，说什么'如果你选择了立场，那就立刻表明，你不客观'。另一方面，在新闻实践中，却尽量去罗列一些社会现象，在这些表面上看来是各不相干的现象中，又隐藏地深藏着自己的政治观、价值观和情感态度。"

马克思主义者不仅公开地、旗帜鲜明地坚持党性、导向性，而且强调这个"导向"的"正确性"，认为"正确性"就根基于"真实性"。新闻报道记录着社会生活，是社会生活的反映，而社会生活本身是复杂的、多样的、矛盾的，其中有现象也有假象，有主流也有支流，有光明面也有阴暗面，有正面也有负面，有主要矛盾也有次要矛盾等，它们都是客观存在的；同一事物从不同的角度看就会呈现不同的样态，这也是客观的。正所谓"横看成岭侧成峰，远近高低各不同"。因此，对社会生活，如果你一味地报道支流、揭露黑幕、曝光负面，"导向"显然就有问题，至少是片面的。坚持马克思主义新闻观的"真实性"追求，关键就是要立足于前述所说的，追求总体上、本质上的真实，而不是局部的、现象的真实，如果这样，新闻报道的导向自然就会走上正确轨道，就能弘扬主旋律、激发正能量。

可见，新闻的真实性原则与坚持正确舆论导向是有机统一的，这一基本观点是马克思主义新闻观的重要内核，也是中国共产党人与时俱进发展马克思主义新闻观的理论成果与实践成果。

4. 有序推进社会主义新闻自由

中国共产党人高度重视社会主义新闻自由建设。毛泽东指出："我们的制度，就是不允许一切反革命分子有言论自由，而只许人民内部有这种自由。我们在人民内部，是允许舆论不一律的，这就是批评的自由，发表各种不同意见的自由。"邓小平说过，我们一定要"在全党、全军、全国努力造就一个又有集中又有民主，又有纪律又有自由，又有统一意志，又有个人心情舒畅、生动活泼，那样一种政治局面"。1989年11月，江泽民在中宣部举办的新闻工作研讨班上，专门就"新闻自由"问题指出："我们的宪法规定，言论、出版自由是中华人民共和国公民的基本权利。广大人民群众享有依法运用新闻工具充分表达意见、表达自己意志的权利和自由，享有对国家和社会事务实行舆论监督的权利和自由。"同时他指出，有序发挥新闻舆论的功能，还必须加强对舆论的引导能力，使其真正扮演好人民媒体的角色。2008年6月20日，胡锦涛在视察人民日报社讲话时提出，"要把提高舆论引导能力放在突出位置"、"以党报党刊、电台电视台为主，整合都市类媒体、网络媒体等多种宣传资源，努力构建定位明确、特色鲜明、功能互补、覆盖广泛的舆论引导新格局"。2013年8月19日，习近平在全国宣传思想工作会议上也提出，我们的宣传思想工作要"把实现好、维护好、发展好最广大人民根本利益作为出发点和落脚点，坚持以民为本、以人为本"。

→ 小贴士

什么是新闻自由？

新闻自由是公民的一种民主权利，宪法规定的公民言论、出版自由在新闻活动中的体现。新闻自由同任何自由一样，从来不是抽象的而是具体的，不是绝对的而是相对的。新闻自由也具有阶级性，不同的阶级有不同的新闻自由观，对新闻自由作不同解释。世界上有许多种语言对新闻自由和出版自由使用同一个词汇（如英语中用Freedom of the press）来表达。

——《中国大百科全书·新闻出版卷》

新闻自由，亦即出版自由，属公民民主权利中的一种，是宪法所规定的言论、出版自由在新闻传播活动中的体现和运用。

——《中国新闻实用大辞典》

新闻自由，或称新闻自由权，通常指政府通过宪法或相关法律条文保障本国公民言论、结社以及新闻出版界采访、报道、出版、发行等的自由权利。这一概念也可以延伸至保障新闻界采集和发布信息，并提供给公众的充分自由。

——《维基百科》

在当代中国，自觉坚持马克思主义新闻观，关键就是要在法治的轨道上有序推进社会主义新闻自由建设，重点做好以下三方面工作：

首先，推动"新闻自由"法治建设。改革开放以来，我国已经建立起一个比较系统的新闻法制体系，包括著作权法、出版管理条例、广播管理条例、互联网传播管理条例等。当然，还需要进一步完善，以更好保障人民群众的新闻自由权利，规范新闻传播活动主体的权利和义务。当前，尤其要重视解决好新闻传播和言论自由等方面面临的一些矛盾和挑战。如：公民要求享有更多的言论空间与言论自由立法滞后的矛盾，经济活动对信息不断增长的需求与政府信息有效供给不足的矛盾，公民日益扩大的言论自由与其他自由和权利之间的矛盾，等等。面对新的形势和挑战，为进一步保障公民的言论和出版发行自由，必须在法治建设上作出不懈努力。

其次，有效实施新闻管理，提高对媒体特别是网络新媒体的依法治理能力。我们必须始终牢牢坚持党管媒体的原则，不断增强主流媒体的传播力、公信力、影响力和舆论引导能力。近年来，互联网已经成为舆论斗争的主战场，如何利用和管理好互联网这个"最大变量"至关重要。经过20年的发展，中国已成为互联网大国，拥有近6.3亿网民，近330万个网站，5.3亿手机上网用户，其中微博用户达到了3亿多人。很多人特别是年轻人基本上不看主流媒体，大部分信息从网上获得。互联网3G、4G手机和平板电脑等随身媒体与微博等新兴传播平台，使得"人人都是记者"、"人人都是电视台"、"人人都是发言人"、"人人都是扩音器"成为可能，使人人都享有"新闻自由"成为可能，新闻自由的空间从来没有像今天这么广阔。因此，加强对网络等新兴媒体的治理，使人们"拥有自由而又不滥用自由"，成了当前新闻传媒管理的难点、重点、热点。特别是对网络意见领袖、网络作家等群体，要切实加强教育引

各国打击谣言措施概览

国家	措施
新加坡	媒体发展管理局履行网络信息管理职能；鼓励网络行业建立自己的评判标准；严重造谣者会被以诽谤罪起诉
美国	约130项相关法律、法规，对包括谣言在内的网络传播内容加以规制
印度	在网络上散布虚假、欺诈信息的个人最高可判处3年有期徒刑，对故意利用计算机技术破坏国家安全或对人民实施恐怖主义行为者，可判处有期徒刑直至终身监禁；政府有关部门有权查封可疑网站和删除内容，网站则应当接到通知36小时内删除不良内容；对社会网络平台进行监控，要求网络运营商协助政府删除涉嫌违法网络内容
英国	公民咨询局向民众答疑解惑；提高民众与有关部门的沟通效率，扩大民众知情权
委内瑞拉	通讯和信息部负责新闻管理和新闻发布；国家电信委员会管理信息传播；国会颁布电台、电视台、电子媒体社会责任法；关闭传播谣言的私人电台、电视台，并在国际电视台开辟栏目，澄清传闻
西班牙	巴塞罗那通过"抵制谣言代理人"破坏谣言、传播真相
韩国	以危害公共利益为目的，利用电子通讯设备公然传播虚假信息的人，可被处以5年以下有期徒刑，并缴纳5000万韩元以下罚款
墨西哥	韦拉克鲁斯州：任何人以任何方式谣称存在爆炸装置、武装袭击以及可能造成人体伤害的化学、生物或有毒物质，造成社会秩序混乱的，可处以1年至4年有期徒刑，并处罚金 塔巴斯科州：对利用电话或其他大众传播手段，散布虚假警报或紧急情况信息，危害社会稳定或引发社会混乱的，处以6个月到2年有期徒刑并处罚金
日本	总务省通过对行业协会发布通知，间接管理电话、电视、网络等，防止谣言传播
澳大利亚	网络服务提供商与政府传播和媒体管理局签署协议，保证不传播谣言、垃圾邮件等
法国	网民和记者自发成立"停止传谣"等辟谣网站，探究事情真相，阻止谣言传播

导工作。2012年12月28日，全国人大常委会通过关于加强网络信息保护的决定，要求用户在上网时提供真实身份信息。

---※ **典型案例**---

国信办严肃查处31家传播谣言网站

据新华网北京2014年7月17日报道，近日，个别不法分子利用互联网恶意编造、传播性质恶劣的谣言，"爆料"严重失实信息，这一行为严重违反社会公德，扰乱了网上传播秩序和社会秩序，一些网站因管理措施不到位，放任谣言传播，造成恶劣影响。国家互联网信息办公室对编造、传播谣言的行为予以谴责，对放任谣言传播的网站提出严肃批评。

根据《全国人大常委会关于维护互联网安全的决定》、《互联网信息服务管理办法》、《互联网新闻信息服务管理规定》等法律法规，国家互联网信息办会同有关部门严肃查处了31家传播谣言网站，对北京知青网、莲池论坛、韶关家园、共和网、八达网等30家网站给予临时关闭整改处罚，对抽屉新热榜移动客户端应用给予暂停服务7天的处罚。

国家互联网信息办相关负责人表示，中国政府一直致力于构建一个开放、安全、可信的互联网，各互联网和移动应用服务商在满足网民信息需求的同时，必须遵守国家法律法规，牢记社会责任，坚守文明诚信，传递正能量，决不能让互联网充斥诽谤和欺骗。

第三，健全坚持正确舆论导向的体制机制，强化新闻从业人员和新闻媒体机构的法治意识与社会责任。十八届三中全会通过的《中共中央关于全面深化改革若干重大问题的决定》中强调，要健全坚持正确舆论导向的体制机制，其中重要的任务包括：

（1）健全基础管理、内容管理、行业管理以及网络违法犯罪防范和打击等工作联动机制，健全网络突发事件处置机制，形成正面引导和依法管理相结合的网络舆论工作格局。

（2）整合新闻媒体资源，推动传统媒体和新兴媒体融合发展。

（3）推动新闻发布制度化。

（4）严格新闻工作者职业资格制度。

（5）重视新型媒介运用和管理，规范传播秩序。

我们要按照中央的要求深化改革，积极推进体制机制创新，完善管理，营造更加宽松、自由、和谐的新闻传播环境，使新闻媒体及其从业人员能够真切感受到社会主义国家新闻自由的优越性。同时，还要按照党的十八大关于"法治中国"建设的要求，在新闻传播战线深入开展法治教育，弘扬社会主义法治精神，树立社会主义法治理念，增强新闻从业人员的学法、守法、尊法、用法意识。特别是要以社会主义核心价值观为引领，以《中国新闻工作者职业道德准则》为遵循，加强新闻从业人员的道德建设，不断强化各类新闻媒体及其从业人员的社会责任意识，大力倡扬与发展"责任下的自由"。

—《（（ 背景资料 ——————————————————

　　中国记协2014年8月30日发布《新闻工作者践行社会主义核心价值观倡议书》，广大新闻工作者表示要学习好、宣传好、践行好社会主义核心价值观，传播正能量，弘扬主旋律，做社会主义核心价值观建设的排头兵。

　　倡议书提出，认真学习习近平总书记系列重要讲话精神，全面掌握党的创新理论，深入理解"富强、民主、文明、和谐，自由、平等、公正、法治、爱国、敬业、诚信、友善"的深刻内涵，学习掌握马克思主义新闻观，增强对中国特色社会主义的道路自信、理论自信、制度自信，把坚定的理想信念化为日常工作的底色，把正确的价值追求体现在新闻报道之中。

拓展阅读

习近平：《切实把思想统一到党的十八届三中全会精神上来》，《求是》杂志2014年第1期。

中共中央宣传部：《创造中华文化新的辉煌——关于建设社会主义文化强国》，《习近平总书记系列重要讲话读本》，学习出版社、人民出版社2014年版。

（执笔人：袁久红）

◎ 如何看待历史虚无主义

　　历史就是历史，历史不能任意选择，一个民族的历史是一个民族安身立命的基础。不论发生过什么波折和曲折，不论出现过什么苦难和困难，中华民族5000多年的文明史，中国人民近代以来170多年的斗争史，中国共产党90多年的奋斗史，中华人民共和国60多年的发展史，都是人民书写的历史。历史总是向前发展的，我们总结和吸取历史教训，目的是以史为鉴、更好前进。

　　——2013年12月26日，习近平总书记在纪念毛泽东同志诞辰120周年座谈会上的讲话每个国家、每个民族都十分珍视自己的历史，因为历史是现实存在的根基。清代思想家龚自珍在《古史钩沉论二》中写道："灭人之国，必先去其史；隳人之枋，败人之纲纪，必先去其史；绝人之材，湮塞人之教，必先去其史；夷人之祖宗，必先去其史。"可见，历史不光是一种"过去的客观存在"，它还是一个国家、一个民族得以生生不息的血脉。血脉断，则国家亡，这本是很简单的道理。但是，改革开放以来，一些人以"反思历史"为名，从反思"文化大革命"的"左"的错误，走到"纠正"社会主义道路，认为中国社会主义道路走错了；从反思毛泽东的晚年错误，走到全盘否定毛泽东和毛泽东思想；从反思党在社会主义建设中的失误，走到全盘否定党的领导。这些错误观点影响颇大、危害很深，形成了一股严重的历史虚无主义思潮。持历史虚无主义的人，其本意并不在历史本身，而在于现实，企图通过反思历史、抹黑历史，通过割裂历史与现实的联系，进而削弱人民群众对中国特色社会主义的道路自信、理论自信和制度自信。

一、历史虚无主义思潮泛滥的根源

历史虚无主义思潮一般形成于社会急剧转型时期。近代以来，历史虚无主义思潮在中国主要出现于两个历史转型时期：一是19世纪末到20世纪初期，一些知识分子怀着为内忧外患的中国寻找"出路"的信念，竭力主张中国应走西方的道路，形成了第一波历史虚无主义思潮；二是改革开放之后，一些人借纠"左"否定中国革命史，否定马克思主义中国化的历史必然性，形成了第二波历史虚无主义思潮。这两波历史虚无主义思潮，虽然出现在不同历史时期，但都有共同的理论主张，即都以"全盘西化"为核心诉求。区别在于，在马克思主义和社会主义的影响不断扩大、新民主主义革命不断前进的情况下，第一波历史虚无主义思潮逐步淡出了历史舞台；在中国特色社会主义道路不断坚定、制度优越性不断彰显的情况下，第二波历史虚无主义思潮却未消退，相反，在国内外多种因素的综合作用下，历史虚无主义思潮还有不断增强的趋势，还可能造成更大的思想混乱，对中国特色社会主义事业发展构成严峻挑战。因此，我们对历史虚无主义思潮应保持高度警惕，认清其本质和危害，采取有效措施回应历史虚无主义的种种挑战。

1. 理论基础与思想背景

上世纪八九十年代，各种西方学术思潮在中国社会广泛传播。这些思潮中的主观主义、唯心主义和形而上学，对我国当代史学研究产生严重影响，其中，最为重要的是否定革命、鼓吹改良的历史虚无主义思潮。这一思潮否定革命的必然性和革命成果的积极意义，否定俄国"十月革命"，主张对中国近现代史进行"颠覆性"研究，旧民主主义革命、新民主主义革命、社会主义革命都成为其否定的对象。

2. 复杂的社会历史根源

当代历史虚无主义思潮的泛滥，同世界社会主义运动的曲折发展密切相关。20世纪80年代末、90年代初，东欧剧变、苏联解体，社会主义运动遭受巨大挫折，西方社会对马克思主义和社会主义的攻击、诋毁盛行一时。与此同时，发达资本主义国家主导的全球化迅速发展，整个世界形成了"资"大"社"小、西强东弱的格局。正是在这一背景下，一些缺乏正确历史观、不能科学反思历史的人，逐步形成否定中国革命史、否定马克思主义指导、否定社会主义发展道路、否定中国共产党的错误主张。

在戈尔巴乔夫执政期间，苏联历史虚无主义思潮泛滥，使苏共失去了执政的历史根基，这是苏共垮台的原因之一。

3. 到底谁在背后推波助澜

苏东剧变之后，西方国家把中国作为主要对手，它们在经济和军事上打压中国，在政治上分化中国，其基本手段之一就是分化中国民众的思想，破坏中国主流意识形态的影响力、凝聚力。比如，某些国家将主张"告别革命"的学者请过去，让他们著书立说、扩大影响；一些国家和地区毫不掩饰地支持"藏独"、"疆独"，刻意歪曲中华民族长期统一的历史；一些国际机构用"请进来"和"送出去"的方法，向一些学者灌输自由主义观念，诱导他们主动认同和信仰唯心史观，积极参与传播历史虚无主义观点。显然，西方国家的支持，是历史虚无主义思潮泛滥的"幕后推手"。

二、历史虚无主义思潮的主要表现与危害

当前国内盛行的历史虚无主义思潮，以否定中国革命史为核心主张，通过多种手法否定和歪曲新民主主义革命史、社会主义发展

史和中国共产党的历史，为全盘西化寻找历史依据。

1. 历史虚无主义思潮的五大"虚无化"言说

具体来说，这一思潮在理论观点上主要表现在以下几个方面：

（1）否定和歪曲中国革命的历史。有人鼓吹所谓"告别革命论"，认为革命有巨大的破坏力量，不能单纯依靠革命推动历史进步。"告别革命论"提出"救亡压倒启蒙"的理论观点，认为五四运动前后马克思主义在中国的传播和发展破坏了"正常的"历史进程，"以俄为师"使中国偏离了"以英美为师"的"近代文明的主流"。有学者提出，清朝的确是已经腐朽的王朝，但是这一形式存在仍有很大意义，宁可慢慢来，通过当时立宪派主张的改良来逼它迈上现代化和"救亡"的道路。一些人竭力歪曲和否定中国共产党领导的新民主主义革命的历史，说它是由一系列错误构成的历史。有的人歪曲和否定毛泽东在中国革命中的地位和作用，用"权谋论"取代客观的历史事实，竭力贬损和矮化毛泽东。从这些主张可以看出，"告别革命论"不仅看不到社会革命的历史必然性，而且是在用主观臆断分析历史，是在用主观愿望评价革命。

（2）刻意编造和虚构历史。近年来，一些人刻意歪曲抗日战争史、解放战争史和抗美援朝战争史，否定战争中革命英雄主义的崇高性及其巨大的历史作用，其实质是借否定英雄进而否定革命战争的历史合理性。1999年4月，某出版社出版了《审视中学语文教育——世纪末的尴尬》一书，该书对中学语文教材中的爱国主义内容大加贬损和否定。著名作家魏巍的作品《谁是最可爱的人》真实记录了志愿军战士不怕牺牲、英勇战斗的场景，但是该书蔑称这一通讯的内容是"谎言"，说"联合国军"师出有名，根本不存在

"美帝国主义的侵略"。从这里可以看出，历史虚无主义的目的是要"把历史真相搅浑、把人的头脑搅糊涂"，进而兜售其抽象的人性论和虚幻的"世界主义"。

（3）为已被历史淘汰的旧势力评功摆好。在新民主主义革命时期，国共两党的斗争是新旧事物的较量，国民党的失败和共产党的胜利，是新民主主义革命的必然结果。新中国的建立是历史的必然，也是马克思主义在中国的胜利。这些基本的历史结论也是客观历史本身，是不应和不能否定的。有人以抽象人性论为依据，对历史进行随意的涂抹、剪裁和虚构，为历史上已经有定论的叛徒、反动历史人物评功摆好；有人宣称分裂动荡、民不聊生的民国时期是中国历史上的"黄金发展期"，新民主主义革命是对"黄金发展期"的破坏。这种颠倒的历史观根本否定马克思主义中国化的历史必然性，根本否定新民主主义革命的历史合理性。

（4）"戏说"、"恶搞"历史。英雄是革命史的重要组成部分，可以说，英雄的英勇、奉献和牺牲是革命取得胜利的重要因素之一。但是，近年来，我们熟知的英雄人物常常被"戏说"和"恶搞"，这种"戏说"和"恶搞"实质上就是丑化、矮化中国历史上的英雄，颠覆人们正确的历史认知。比如，"黄继光是摔倒了才堵枪眼的"，"董存瑞为什么牺牲？因为被炸药包上的两面胶粘住了"……从炒作雷锋的初恋女友到恶搞短片《闪闪的红星之潘冬子参赛记》，再到《铁道游击队之青歌赛总动员》，许多英雄形象一再被调侃、丑化。有些文艺作品改编革命小说，对革命人物"去英雄化"，将革命英雄人物庸俗化甚至色情化。比如，《沙家浜》被改编成"一个女人和三个男人之间的关系"，阿庆嫂被塑造成"潘金莲"式的人物，郭建光被描写成"胆小鬼"，而胡传魁则成了"民族英雄"。

（5）主张帝国主义侵略有功。帝国主义对中国的侵略和掠夺，给近现代中国造成了巨大灾难，帝国主义是压在中国人民身上的三座大山之一。但是，有些人竟然主张"侵略有功论"，认为帝国主义侵略给中国带来了现代文明，中国人对西方列强的侵略要"感恩戴德"，认为中国之所以落后是因为"被殖民的时间太短了"，这种颠倒的历史观已经完全丧失了中华民族的民族气节。马克思在谈到英国对印度的入侵后果时谈道："印度人失掉了他们的旧世界而没有获得一个新世界。"[①]毛泽东也指出，自从1840年英国人侵略中国以来，接着就是英法联军进攻中国的战争，法国进攻中国的战争，日本进攻中国的战争，英国、法国、日本、沙皇俄国、德国、美国、意大利、奥地利等八国联军进攻中国的战争，

2011年8月15日，"日本铭心会·南京第26次友好访华团"成员参加南京国际和平集会。

─《((原声再现 ──────

历史就是历史，事实就是事实，任何人都不可能改变历史和事实。付出了巨大牺牲的中国人民，将坚定不移捍卫用鲜血和生命写下的历史。任何人想要否认、歪曲甚至美化侵略历史，中国人民和各国人民绝不答应！

──2014年7月4日，习近平总书记在纪念全民族抗战爆发77周年仪式上的讲话

---

① 《马克思恩格斯选集》第1卷，人民出版社1995年版，第762页。

日本和沙皇俄国在中国领土内进行的战争，1931年开始的日本进攻中国东北的战争，1937年开始持续了八年之久的日本侵华战争，最后，表面上看是蒋介石、实际上是美国进攻中国人民的解放战争；所有这一切战争，加上政治上、经济上、文化上的压迫，迫使中国人发扬革命精神，从斗争中团结起来。斗争，失败，再斗争，再失败，再斗争，积109年的经验，积几百次大小斗争的经验，军事的和政治的、经济的和文化的、流血的和不流血的经验，方才获得成功。邓小平曾经指出，要懂得些中国历史，这是中国发展的一个精神动力。中国人民为反对帝国主义侵略进行了长达100多年的艰苦奋斗，作出了巨大牺牲。而"侵略有功论"将这些奋斗和牺牲一笔勾销，这是对近代以来中国人民反抗侵略史的全盘否定。

2. 历史虚无主义思潮的实质与严重危害

历史虚无主义思潮的泛滥，造成了十分严重的危害，它妨碍人们对历史的科学认知，割裂革命与建设、历史与现实的有机联系，妨碍历史共识与政治共识的形成，造成了严重的思想混乱。因此，对其实质我们要有清醒的认知。

（1）消解主流意识形态建设的历史根基。当代中国主流意识形态建设的历史根基，就是新民主主义革命、社会主义革命和社会主义建设的历史。"告别革命论"、"侵略有功论"等错误主张，完全颠覆过去的历史，质疑马克思主义的科学性和马克思主义中国化的历史必然性，使一些人特别是一些年轻人不能形成正确的历史观，从而对主流意识形态抱持怀疑态度。

"告别革命论"、"侵略有功论"根本违背历史事实，根本违背近代以来一代代中华儿女追求民族解放、国家独立、人民幸福的

共同意志。方志敏在《可爱的中国》中说:

> 半殖民地的中国,处处都是吃亏受苦,有口无处诉。但是,朋友,我却因每一次受到的刺激,就更加坚定为中国民族解放奋斗的决心。我是常常这样想着,假使能使中国民族得到解放,那我又何惜于我这一条蚁命!

方志敏虽然戴着镣铐,但谁都不能阻挡他追求理想的自由。他说:

> 不错,目前的中国,固然是江山破碎,国弊民穷,但谁能断言,中国没有一个光明的前途呢?不,决不会的,我们相信,中国一定有个可赞美的光明前途。中国民族在很早以前,就造起了一座万里长城和开凿了几千里的运河,这就证明中国民族伟大无比的创造力?中国在战斗之中一旦斩去了帝国主义的锁链,肃清自己阵线内的汉奸卖国贼,得到了自由与解放,这种创造力,将会无限的发挥出来。到那时,中国的面貌将

方志敏,江西上饶弋阳县人。1922年8月加入中国社会主义青年团。1923年3月转入中国共产党。1928年1月,参与领导弋横暴动,创建赣东北苏区,领导组建中国工农红军第10军。先后任赣东北省、闽浙赣省苏维埃政府主席,红10军、红11军政治委员,中共闽浙赣省委书记。他把马克思主义普遍真理与赣东北实际相结合,创造了一整套建党、建军和建立红色政权的经验,毛泽东称之为"方志敏式"根据地。1935年被捕牺牲。

会被我们改造一新。所有贫穷和灾荒，混乱和仇杀，饥饿和寒冷，疾病和瘟疫，迷信和愚昧，以及那慢性的杀灭中国民族的鸦片毒物，这些等等都是帝国主义带给我们可憎的赠品，将来也要随着帝国主义的赶走而离去中国了。朋友，我相信，到那时，到处都是活跃的创造，到处都是日新月异的进步，欢歌将代替了悲叹，笑脸将代替了哭脸，富裕将代替了贫穷，康健将代替了疾病，智慧将代替了愚昧，友爱将代替了仇恨，生之快乐将代替了死之忧伤，明媚的花园将代替了暗淡的荒地！这时，我们民族就可以无愧色的立在人类的面前，而生育我们的母亲，也会最美丽地装饰起来，与世界上各位母亲平等的携手了。

这就是方志敏的"中国梦"，也是近代以来受尽欺凌和压迫的中华儿女的"中国梦"。倘若按照"告别革命论"、"侵略有功论"的主张，中华民族伟大复兴中国梦的实现，就根本没有可能。

（2）成为敌对势力分化中国的思想工具。敌对势力从来没有放弃西化、分化我国的战略企图，他们以经济、政治、思想和文化渗透为主要形式，企图使社会主义国家政权从内部演变，从而达到颠覆社会主义制度的目的。"二战"以来，美国历届政要人物都一直奉行对社会主义国家实行"和平演变"的战略。虽然随着客观形势的变化，对"和平演变"的提法有所不同，但不论是杜勒斯的"解放政策"、尼克松的"不战而胜"战略，还是里根的"遏制战略"和后来的"超越遏制"的新战略，其实质都一样。特别是苏东剧变之后，他们的主要矛头就转向了社会主义中国。

值得注意的是，他们进行"和平演变"的一个"基本的信念"是："如果他们继续有孩子的话，而他们又有孩子的孩子，他们的后代将获得自由。"（杜勒斯语）这就是通常所说的西方帝国主义把"和平演变"的希望寄托在共产党的第三、第四代人的身上。他们之所以如此，就是因为他们指望中国的新生代忘记历史、忘记革命、忘记传统。因为对革命历史淡漠，对革命传统、理想信念淡忘，就有可能向往西方的生活方式和价值观念。因此，他们一方面运用政治的、经济的、文化的手段，利用社会主义国家的暂时困难和实行改革的机会，进行渗透，施加影响；另一方面，利用社会主义国家出现的错误和存在的某些弊端，加以无限夸大。他们通过这些活动，企图搞乱人们特别是青年的思想，从而达到他们瓦解社会主义的目的。

（3）企图动摇中国共产党执政的合法性。如前所述，历史虚无主义思潮攻击的主要方向，就是竭力贬损和否定革命，诋毁和嘲弄中国人民争取民族独立和人民解放而进行的反帝反封建斗争。历史虚无主义想否定的这些东西，正是中国共产党执政的历史根基，即历史合理性。历史虚无主义思潮在政治上的一个重要诉求就是否定中国共产党的领导，用西方的政党制度取代中国的政党制度。历史虚无主义思潮肆意否定这样的事实：中国共产党的执政地位、中国现行的政党制度，是中国近现代历史发展的必然结果，也是当代中国现实发展的客观需要。

在历史上，中国并不是没有搞过多党政治。辛亥革命后，中国曾一度效仿西方，实行议会制和多党政治，几年间就出现了300多个政党政团。但由于缺乏必要的经济、文化条件和政治环境，加之帝国主义和封建势力的阻挠，多党制并没有在中国的历史舞台上站稳脚跟。从国民党领袖宋教仁被刺杀到袁世凯胁迫议员选举他为大总统，从曹锟5000大洋1票贿选到黎元洪参加9个政党、伍廷芳在11个政党挂名，各党派斗争，或借助武力相威胁，或借助金钱相利诱，一时间乱象丛生、闹剧连连。梁启超批评道："乃各杂以私见，异派因相倾陷破坏，而同派之中，亦往往互相忌刻，势若水火……此种现象实非好兆，亡国之根，即在此耳。"这种混乱的政党政治，不仅没有带来政治清明、国泰民安，反而由于各党派的争夺倾轧，引致军阀混战、民不聊生。

梁启超（1873—1929），中国近代思想家、政治家、教育家、史学家、文学家。与康有为一起倡导变法维新，并称"康梁"，是戊戌变法（百日维新）领袖之一、中国近代维新派代表人物。他倡导新文化运动，支持五四运动。其著作合编为《饮冰室合集》。

中国共产党成立后，国共两党曾进行过两次合作，尤其是在第二次国共合作中，毛泽东曾多次表明中国共产党关于要实行多党政治协商、建立民主联合政府的主张，各民主党派也积极呼吁抗战胜利后实行多党制，但是蒋介石坚持推行"一个主义、一个政党、一个领袖"的独裁统治，撕毁"双十协定"，挑起全面内战，使中国最终没有走上议会民主制和多党政治的道路。1948年，在解放战争将要取得决定性胜利之际，中国共产党发布"五一口号"，提出成立"民主联合政府"的政治主张，得到包括中国国民党革命委员会、中国民主同盟在内的11个民主党派和无党派爱国民主人士的积极响应。各民主党派表示愿意在中国共产党领导下，共同为建立新中国而奋斗，中国共产党领导的多党合作和政治协商制度就是在这个基础上形成和发展起来的。事实表明，中国的政党制度安排，是近代以来中国历史发展的结果，是各民主党派及全国人民共同作出的正确历史选择，是符合中国国情的新型政党制度。

毛泽东曾说过，一个党同一个人一样，耳边很需要听到不同的声音。中国共产党领导的多党合作和政治协商制度，既避免了多党竞争互相倾轧造成的政治动荡，又避免了一党专制缺少监督导致的种种弊

1949年9月21—30日，中国人民政治协商会议第一次全体会议召开，代表们以举手表决方式通过议案

端。各民主党派和无党派人士通过互相监督，尤其是对执政党的监督，能够更好地倾听人民群众的呼声和诉求，使执政党随时听到不同的意见和批评，克服和纠正官僚主义，及时改正工作中的错误。通过各民主党派和无党派人士的监督，还有利于防止或遏制执政党内出现腐败现象。近年来，中国共产党通过聘请民主党派成员和无党派人士担任特约人员、参加党风廉政建设的检查，使民主监督的渠道进一步拓宽，监督工作不断加强，有力地推动了自身建设。

在中国搞西方的多党制，既不符合我国国情，也违背人民群众的根本利益。当前，我国正处于发展的黄金期、改革的攻坚期、矛盾的凸显期，对于中国人民来说，最根本的利益就是团结一致、抓住机遇、加快发展。只有始终坚持中国特色政党制度，才能更广泛更牢固地团结各民主党派、各社会阶层，团结全国各族人民，为夺取全面建设小康社会新胜利、实现中华民族伟大复兴共同奋斗。

三、如何正确评价历史与历史人物

习近平总书记指出："历史、现实、未来是相通的。历史是过去的现实，现实是未来的历史。"只有正确地认识历史，才能真正做到"面向未来、继往开来"；如果不能正确地认识历史，就会作出错误的判断，误导现实的发展。

1. 历史虚无主义在方法论上的三大错误

历史虚无主义常常以"学术研究"、"探求真理"的面目出现，加之表面上持"学术中立"，实则更具有迷惑性。深入探究历史虚无主义思潮的方法论，可以发现以下三大特点：

（1）背离实事求是的历史研究原则。以史实为根本依据，做到实事求是，这是历史研究的根本原则和根本方法。历史虚无主义思潮对待历史的态度，往往是从个人好恶出发，甚至编造、虚构历史事实。这种研究历史的态度和方法只会伤害历史，不可能得出正确的结论，只会离真理越来越远。有的人认为应当按照抽象人性论研究历史，否则就是没有人性，就是脸谱化，就是"扣帽子"。

改革开放以后，有些人喜欢对历史研究进行所谓的"范式转换"。比如，用所谓的"现代化史观"取代"革命史观"，将革命同现代化对立起来，并以此否定中国近现代史上的一切革命斗争。我们知道，没有革命胜利，就没有民族解放和民族独立，就没有实现现代化的现实可能性。在新民主主义革命时期，毛泽东在总结历史经验的基础上就科学阐明了革命和现代化这两者之间的辩证关系：

没有独立、自由、民主和统一，不可能建设真正大规模的工业。没有工业，便没有巩固的国防，便没有人民的福利，便没有国家的富强。

在一个半殖民地的、半封建的、分裂的中国里，要想发展工业，建设国防，福利人民，求得国家的富强，多少年来多少人做过这种梦，但是一概幻灭了。

中国人民的生产力是应该发展的，中国应该发展成为近代化的国家、丰衣足食的国家、富强的国家。这就要解放生产力，破坏帝国主义和封建主义。正是帝国主义和封建主义束缚了中国人民的生产力，不破坏它们，中国就不能发展和进步，中国就有灭亡的危险。……革命是干什么呢？就是要冲破这个压力，解放中国人民的生产力，解放中国人民，使他们得到自由。所以，首先就应该求得国家的独立，其次是民主。没有这两个东西，中国是不能统一和不能富强的。

所以说，将革命和现代化对立起来，用"现代化史观"取代"革命史观"，不是从近现代中国的历史事实出发，而是从主观愿望和想象出发，本质上是一种主观主义的历史研究方法。

（2）违背全面客观的历史研究思路。全面客观是历史研究的基本方法之一，这一方法要求历史研究者全面把握史实，而不能根据结论裁剪史实。有的人为了拔高曾国藩，就只讲他的"家书"，说他如何有人性，说他是一位伟大的战略家；为了拔高慈禧，就只讲她如何不容易，说她如何善于谋划。反过来，有的人抓住一些历史人物身上的个别缺点，肆意夸大，全盘否定，甚至捏造事实，大泼脏水，刻意抹黑。对于这种"取其一点、不及其余"的历史研究方法，列宁曾经作过尖锐的批判：

在社会现象方面，没有哪种方法比胡乱抽出一些个别事实和玩弄实例更普遍、更站不住脚的了。挑选任何例子是毫不费劲的，但这没有任何意义，或者有纯粹消极的意义，因为问题完全在于，每一个别情况都有其具体的历史环境。如果从事实的整体上、从它们的联系中去掌握事实，那么，事实不仅是"顽强的东西"，而且是绝对确凿的证据。如果不是从整体上、不是从联系中去掌握事实，如果事实是零碎的和随意挑出来的，那么，它们就只能是一种儿戏，或者连儿戏都不如。

由此可见，"从事实的整体上、从它们的联系中去掌握事实"，即全面客观的历史研究方法，是科学研究历史的根本方法。违背这一方法，历史研究就失去了严肃性、科学性，这样的历史研究无任何价值。

（3）否认阶级分析的历史研究方法。我们知道，在阶级社会，不同阶级的存在、不同阶级之间的矛盾和斗争，都是客观存在的事实。正如马克思和恩格斯在《共产党宣言》中指出的："到目前为止的一切社会的历史都是阶级斗争的历史。"旧中国存在不同的阶级，认识旧中国就必须运用阶级分析方法，否则就不能正确把握旧中国的本质和特点。历史虚无主义思潮否认和反对阶级分析的方法，用抽象人性论取代阶级分析方法，由此形成了五花八门的历史研究理论。对于阶级分析方法的重要性，毛泽东曾经指出：

对于中国各个社会阶级的实际情况，没有真正具体的了解，真正好的领导是不会有的。要了解情况，唯一的方法是向社会作调查，调查社会各阶级的生动情况。对于担负指导工作的人来说，有计划地抓住几个城市、几个乡村，用马克思主义的基本观点，即阶级分析的方法，作几次周密的调查，乃是了解情况的最基本的方法。只有这样，才能使我们具有对中国社会问题的最基础的知识。要做这件事，第一是眼睛向下，不要只是昂首望天。没有眼睛向下的兴趣和决心，是一辈子也不会真正懂得中国的事情的。

有的学者否定阶级分析方法的科学性，用弗洛伊德的理论研究中国历史，用精神分析理论解构唯物史观，提出黄世仁与白毛女的关系不是阶级关系，而是"两性之间的关系"，他们之间没有什么阶级斗争，只有性压迫和性冲突。

2. 唯物史观：正确认识与评价历史的科学方法论

历史虚无主义思潮有一定的迷惑性，需要科学揭示和批判它的错误主张及其实质。批判历史虚无主义的关键，是要运用唯物史观揭示其唯心主义本质。

习近平总书记曾经指出，在革命、建设、改革各个历史时期，我们党运用历史唯物主义，系统、具体、历史地分析中国社会运动及其发展规律，在认识世界和改造世界的过程中不断把握规律、积极运用规律，推动党和人民事业取得了一个又一个胜利。历史和现实都表明，只有坚持历史唯物主义，我们才能不断把对中国特色社会主义规律的认识提高到新的水平，不断开辟当代中国马克思主义发展新境界。

习近平总书记还强调，党的各级领导干部特别是高级干部，要原原本本学习和研读经典著作，努力把马克思主义哲学作为自己的看家本领，坚定理想信念，坚持正确政治方向，提高战略思维能力、综合决策能力、驾驭全局能力，团结带领人民不断书写改革开放历史新篇章。有些人对历史虚无主义思潮缺乏判断力、抵制不力，一个重要原因就是没有马克思主义哲学这个"看家本领"。因此，加强全党乃至全社会的马克思主义哲学特别是唯物史观教育，有着十分重要的现实意义。

─(((**原声再现** ─────────

马克思主义理论是我们的看家本领

要认真学习马克思主义理论，这是我们做好一切工作的看家本领，也是领导干部必须普遍掌握的工作制胜的看家本领。毛泽东同志曾经提出，"如果我们党有一百个至二百个系统地而不是零碎地、实际地而不是空洞地学会了马克思列宁主义的同志，就会大大提高我们党的战斗力量。"这个任务，今天依然很现实地摆在我们党面前。只有学懂了马克思列宁主义、毛泽东思想、邓小平理论、"三个代表"重要思想、科学发展观，特别是领会了贯穿其中的马克思主义立场、观点、方法，才能心明眼亮，才能深刻认识和准确把握共产党执政规律、社会主义建设规律、人类社会发展规律，才能始终坚定理想信念，才能在纷繁复杂的形势下坚持科学指导思想和正确前进方向，才能带领人民走对路，才能把中国特色社会主义不断推向前进。

——2013年3月1日，习近平总书记在中央党校建校80周年庆祝大会上的讲话

中国走上社会主义道路是一个客观事实，不容否定。熟悉历史的人都知道，进入19世纪中叶，中国漫长的封建时代即将结束。在两次鸦片战争之后，无论是太平天国农民运动还是封建统治阶级内部一部分人推动的洋务运动，无论是康有为、梁启超等发起的维新变法还是孙中山等领导的辛亥革命，这一系列运动都归于失败。历史表明，无论是旧式农民起义、封建统治阶级自强，还是资产阶级改良派和资产阶级革命派的努力，都没有改变中国半殖民地半封建的社会性质和中国人民的悲惨命运。

中国道路的选择

实现中华民族伟大复兴始终是近代以来中国人民最伟大的梦想。无数志士仁人前仆后继、不懈探索，寻找救国救民道路，却在很长时间内都抱憾而终。太平天国运动、戊戌变法、义和团运动、辛亥革命接连而起，但农民起义、君主立宪、资产阶级共和制等种种救国方案都相继失败了。战乱频仍，民生凋敝，丧权辱国，成了旧中国长期无法消除的病疡。中华民族是一个有志气的民族。为了探求救亡图存的正确道路，中国的先进分子带领中国人民始终坚持在苦难和挫折中求索、在风雨飘摇中前进，敢于挽狂澜于既倒、扶大厦之将倾，表现出了百折不挠的英雄气概。

——2013年12月26日，习近平总书记在纪念毛泽东同志诞辰120周年座谈会上的讲话

为什么这些努力都不能成功呢？这要从近代以来中国历史的发展进程和中华民族面临的历史任务来分析。近代以来，中华民族面临两大历史任务：一个是求得民族独立和人民解放，一个是实现国家富强和人民富裕。哪种理论能够对这两个历史课题作出正确回答，它就会成为中国人民的信仰；哪条道路能够引导中国人民完成这两大任务，它就能够成为中国人民的历史选择；哪种政治力量能够带领人民实现这两大任务，它就能够成为掌握中国历史发展前进方向的领导力量。一部中国近代史已经证明，只有马克思主义理论武装的中国共产党人才能担当起实现这两大任务的重任，只有社会主义道路才是实现这两大任务的道路。

之所以如此，至少有这样三点原因：一是中国社会经济政治状况不允许走资本主义道路，二是时代条件和国际环境的新特点促使中国人民选择走社会主义道路，三是中国革命的领导力量决定了中国必然走社会主义道路。所以，中国没有走资本主义道路，而选择

了社会主义道路，这不是由哪一个个人、哪一部分人的主观意愿所决定的，而是中国人民包括工人、农民、民族资产阶级、小资产阶级和其他社会阶层人士共同作出的选择，是历史发展的必然。

中国人民在选择了社会主义道路之后，如何建设社会主义，使国家更快发展起来，就成为摆在我们面前的一个崭新课题。毛泽东说："我们对于社会主义时期的革命和建设，还有一个很大的盲目性，还有一个很大的未被认识的必然王国。"邓小平讲，"我们建立的社会主义制度是个好制度，必须坚持"，"但问题是什么是社会主义，如何建设社会主义。我们的经验教训有许多条，最重要的一条，就是要搞清楚这个问题。"为了找到建设社会主义的正确道路，从社会主义制度在我国建立之日起，我们党就进行了艰辛的探索，既取得了巨大成就，也经历了曲折发展的历程。党的十一届三中全会以来，我们党在新的历史时期开始了建设社会主义的新探索。在党的十二大开幕式上，邓小平第一次提出"把马克思主义的普遍真理同我国的具体实际结合起来，走自己的道路，建设有中国特色的社会主义"的重大命题，为我们指明了新时期社会主义建设的主题和方向。"走中国特色社会主义道路"，这是我们党从长期探索中得出的基本结论。关于这条道路，党的十八大报告明确提出：

中国特色社会主义道路，就是在中国共产党领导下，立足基本国情，以经济建设为中心，坚持四项基本原则，坚持改革开放，解放和发展社会生产力，巩固和完善社会主义制度，建设社会主义市场经济、社会主义民主政治、社会主义先进文化、社会主义和谐社会、社会主义生态文明，促进人的全面发展，逐步实现全体人民共同富裕，建设富强民主文明和谐的社会主义现代化国家。

事实无可辩驳地证明，中国特色社会主义道路是完全正确的，它既坚持了科学社会主义的基本原则，又根据我国实际和时代特征赋予其鲜明的中国特色。在当代中国，坚持中国特色社会主义道路，就是真正坚持社会主义。

3. 案例一则：如何评价毛泽东

近年来，围绕党史和革命史，历史虚无主义思潮的主张者和赞同者形成了大量错误的观点、判断和结论，其中，最为突出、最为集中、最为聚焦的，就是错误评价毛泽东，否定毛泽东的历史贡献和当代价值。毛泽东在历史上的贡献不容否认，否定毛泽东和毛泽东思想，就是对党史和革命史的彻底否定。2013年12月26日，习近平总书记在纪念毛泽东同志诞辰120周年座谈会上的讲话中指出：

> 毛泽东同志创造性地解决了马克思列宁主义基本原理同中国实际相结合的一系列重大问题，深刻分析中国社会形态和阶级状况，经过不懈探索，弄清了中国革命的性质、对象、任务、动力，提出通过新民主主义革命走向社会主义的"两步走"战略，制定了新民主主义革命总路线，开辟了以农村包围城市、最后夺取全国胜利的革命道路。他创造性地解决了在中国这种特殊的社会历史条件下建设马克思主义政党的一系列重大问题，把党建设成为用科学理论和革命精神武装起来的、同人民群众有着血肉联系的、思想上政治上组织上完全巩固的马克思主义政党。他创造性地解决了缔造一个在党的绝对领导下的人民武装力量的一系列重大问题，建成一支具有一往无前精神、能压倒一切敌人而决不被敌人所屈服的新型人民军队。他创造性地解决了团结全民族最大多数人共同奋斗的革命统一战

线的一系列重大问题，为党和人民事业凝聚了一支最广大的同盟军。他带领我们党创造性地提出和实施了一系列正确的战略策略，及时解决了中国革命进程中一道道极为复杂的难题，引导中国革命航船不断乘风破浪前进。

— (((原声再现 ———————————

如何评价毛泽东和毛泽东思想

关于毛泽东同志功过的评价和毛泽东思想，写不写、怎么写，的确是个非常重要的问题。我找警卫局的同志谈了一下，他们说，把我前些日子和意大利记者法拉奇的谈话向战士们宣读了，还组织了讨论，干部、战士都觉得这样讲好，能接受。不提毛泽东思想，对毛泽东同志的功过评价不恰当，老工人通不过，土改时候的贫下中农通不过，同他们相联系的一大批干部也通不过。毛泽东思想这个旗帜丢不得。丢掉了这个旗帜，实际上就否定了我们党的光辉历史。总的来说，我们党的历史还是光辉的历史。虽然我们党在历史上，包括建国以后的三十年中，犯过一些大错误，甚至犯过搞"文化大革命"这样的大错误，但是我们党终究把革命搞成功了。中国在世界上的地位，是在中华人民共和国成立以后才大大提高的。只有中华人民共和国的成立，才使我们这个人口占世界总人口近四分之一的大国，在世界上站起来，而且站住了。还是毛泽东同志那句话：中国人民从此站起来了。国内的人民也罢，国外的华侨也罢，对这点都有亲身感受。也只有在中华人民共和国成立以后，才真正实现了全国（除台湾外）的统一。旧中国军阀混战时期不必说了，就是国民党统治时期，国家也没有真正统一过，像对山西、两广、四川等地，都不能算真正统一。没有中国共产党，不进行新民主主义革命和社会主义革命，不建立社会主义制度，今天我们的国家还会是旧中国的样子。我们能够取得现在这样的成就，都是同中国共产党的领导、同毛泽东同志的领导分不开的。恰恰在这个问题上，我们的许多青年缺乏了解。

对毛泽东同志的评价，对毛泽东思想的阐述，不是仅仅涉及毛泽东同志个人的问题，这同我们党、我们国家的整个历史是分不开的。要看到这个全局。这是我们从决议起草工作开始的时候就反复强调的。决议稿中阐述毛泽东思想的这一部分不能不要。这不只是个理论问题，尤其是个政治问题，是国际国内的很大的政治问题。如果不写或写不好这个部分，整个决议都不如不做。

——邓小平：《对起草〈关于建国以来党的若干历史问题的决议〉的意见》

我们党能够做到科学评价毛泽东的历史地位和历史贡献，是因为我们党坚持了正确评价历史人物的基本原则，这就是：对历史人物的评价，应该放在其所处时代和社会的历史条件下去分析，不能离开对历史条件、历史过程的全面认识和对历史规律的科学把握，不能忽略历史必然性和历史偶然性的关系；不能把历史顺境中的成功简单归功于个人，也不能把历史逆境中的挫折简单归咎于个人；不能用今天的时代条件、发展水平、认识水平去衡量和要求前人，不能苛求前人干出只有后人才能干出的业绩来。习近平指出，革命领袖是人不是神。尽管他们拥有很高的理论水平、丰富的斗争经验、卓越的领导才能，但这并不意味着他们的认识和行动可以不受时代条件限制。不能因为他们伟大就把他们像神那样顶礼膜拜，不容许提出并纠正他们的失误和错误；也不能因为他们有失误和错误就全盘否定，抹杀他们的历史功绩，陷入虚无主义的泥潭。

多年来，一些持历史虚无主义主张的人在毛泽东评价问题上存在多种错误倾向，用毛泽东的晚年错误全盘否定毛泽东，将毛泽东思想和马克思列宁主义割裂开来，将毛泽东思想和中国特色社会主义理论体系割裂开来。这些错误倾向造成了一定程度的思想混乱，成为当代中国意识形态斗争和思想理论建设不可回避的严重问题。在纪念毛泽东同志诞辰120周年座谈会上，习近平总书记发表了重要讲话，这个讲话对于我们抵制和批判在毛泽东评价问题上的错误倾向有着十分重要的现实意义和理论价值。按照习近平总书记的讲话精神，我们来分析如下几种错误倾向。

错误倾向之一：以"重新评价历史"、"重新反思'文革'"为名，用毛泽东的晚年错误全盘否定毛泽东。多年来，一些人否定毛泽东的"常规武器"，就是用毛泽东的晚年错误，尤其是在发动和领导"文化大革命"上的错误，全盘否定毛泽东。一些人借反思历史之名，行否定历史之实。对此，习近平总书记指出，毛泽东同志晚年的错误有其主观因素和个人责任，还在于复杂的国内国际的社会历史原因，应该全面、历史、辩证地看待和分析。

一些人认为，我们党对"文革"反思不彻底、对毛泽东晚年错误批判不够，必须重新反思、重新批判，甚至认为我们党不肯面对错误、不愿纠正错误。事实上，诚如习近平总书记所说，我们党对自己包括领袖人物的失误和错误历来采取郑重的态度，一是敢于承认，二是正确分析，三是坚决纠正，从而使失误和错误连同党的成功经验一起成为宝贵的历史教材。党的十一届六中全会通过的《关于建国以来党的若干历史问题的决议》，对毛泽东的晚年错误作了实事求是的评价。一些人批判和反思毛泽东晚年错误的真实意图，在于全盘否定毛泽东、全盘否定中国革命史，进而否定马克思主义中国化的历史必然性，否定中国共产党领导人民进行革命和建设的历史根据与现实基础。

错误倾向之二：将毛泽东思想和马克思列宁主义割裂开来，否定毛泽东是一个伟大的马克思主义者。有一种观点认为，毛泽东不熟悉马克思主义经典作家的著作，只熟悉中国传统文化，甚至有人认为毛泽东只懂得中国传统权谋理论。这是一种十分错误的理论观点和思想倾向，在思想方法上犯了形而上学的错误。邓小平曾经指出，不要把毛泽东思想同马克思列宁主义割裂开来，好像它是另外一个东西。邓小平强调，既不能用毛泽东思想替代马克思列宁主义，也不能教条主义地理解马克思列宁主义，不能套用马克思主义经典作家的"本本"，看不到毛泽东思想对马克思列宁主义的继承和发展。

党的十一届六中全会通过《关于建国以来党的若干历史问题的决议》

　　错误倾向之三：将毛泽东思想和中国特色社会主义理论体系割裂开来，否定毛泽东思想的当代价值。有人认为，毛泽东思想是过去的思想，它同中国特色社会主义理论体系是相对立的，在社会主义市场经济条件下毛泽东思想没有现实指导意义。这一观点的实质，是用"过时论"否定毛泽东思想的当代价值，割裂毛泽东思想和中国特色社会主义理论体系的有机联系。习近平总书记在纪念毛泽东同志诞辰120周年座谈会上的讲话中强调指出，毛泽东思想活的灵魂是贯穿其中的立场、观点、方法，它们有三个基本方面，这就是实事求是、群众路线、独立自主；新形势下，我们要坚持和运用好毛泽东思想活的灵魂，把我们党建设好，把中国特色社会主义伟大事业继续推向前进。在这里，习近平总书记深刻阐述了毛泽东思想对于建设中国特色社会主义的重要意义和现实价值，阐明了毛泽东思想和中国特色社会主义理论体系是有机统一的整体。

"江河万里总有源，树高千尺也有根。"中国共产党在领导革命、建设和改革的征程中，始终注意引导全党特别是各级领导干部学史用史，始终注意在全社会加强中国近现代史教育，引导人们树立正确的历史观。党的十八大以来，以习近平同志为总书记的党中央弘扬这一优良传统，把学史用史提到全局高度。习近平总书记在主持中央政治局第七次集体学习时强调指出："历史是最好的教科书"，"学习党史、国史，是坚持和发展中国特色社会主义、把党和国家各项事业继续推向前进的必修课。"认真学习党的十八大前后习近平同志关于党的历史的一系列重要论述，深刻思考我们应该怎样认真总结、科学对待、重视学习和善于运用党的历史等一系列问题，对于推动全党从对党的历史的坚定自信中进一步坚定中国特色社会主义道路自信、理论自信、制度自信，必将具有重大的现实意义和深远的历史意义。

拓展阅读

习近平：《在纪念全民族抗战爆发七十七周年仪式上的讲话》，《人民日报》2014年7月8日第2版。

习近平：《在纪念毛泽东同志诞辰120周年座谈会上的讲话》，《人民日报》2013年12月27日。

习近平：《在纪念邓小平同志诞辰110周年座谈会上的讲话》，《人民日报》2014年8月21日第2版。

习近平：《在纪念中国人民抗日战争暨世界反法西斯战争胜利69周年座谈会上的讲话》，《人民日报》2014年9月4日第2版。

（执笔人：姜迎春）

◎ 如何看待"对改革开放的质疑"

　　中国特色社会主义是社会主义而不是其他什么主义，科学社会主义基本原则不能丢，丢了就不是社会主义。一个国家实行什么样的主义，关键要看这个主义能否解决这个国家面临的历史性课题。历史和现实都告诉我们，只有社会主义才能救中国，只有中国特色社会主义才能发展中国，这是历史的结论、人民的选择。随着中国特色社会主义不断发展，我们的制度必将越来越成熟，我国社会主义制度的优越性必将进一步显现，我们的道路必将越走越宽广。我们就是要有这样的道路自信、理论自信、制度自信，真正做到"千磨万击还坚劲，任尔东西南北风"。

　　——2013年1月5日，习近平总书记在新进中央委员会的委员、候补委员学习贯彻党的十八大精神研讨班上的重要讲话习近平同志指出，"没有改革开放，就没有中国的今天，也就没有中国的明天。"改革开放是当代中国最鲜明的特色，是推动社会主义现代化事业发展的活力之源。自1978年拉开改革开放大幕至今的30多年来，中国共产党和中国人民以一往无前的进取精神和波澜壮阔的创新实践，谱写了中国经济快速发展、人民生活显著改善、综合国力日益增强的壮丽史诗。但是，近年来质疑、否定改革的声音也未曾间断。各种对改革开放的无理指责、刻意歪曲甚至恶意诋毁，常常引起人们对改革开放的种种疑虑，动摇人们坚持改革开放的信心，干扰改革开放的正常进程。因此，我们必须认真辨析，积极予以回应，以凝聚改革共识，不断巩固和扩大全面深化改革的群众基础，推进中国特色社会主义建设事业不断前进。

一、质疑改革开放的论调及其影响

1978年，党的十一届三中全会作出了把党和国家工作中心转移到经济建设上来、实行改革开放的历史性决策，这是党在新的历史条件下带领全国各族人民进行的新的伟大革命，是当代中国命运的关键抉择，是党和人民事业大踏步赶上时代的重要法宝。但有些人却肆意否定或诋毁改革开放，概括起来主要有以下几种观点：

1. "过头论"与"不足论"

所谓"过头论"。改革开放30多年来的成绩有目共睹、举世瞩目，但改革发展中也出现了许多矛盾和问题，诸如"三农"问题，就业问题，贫富差距问题，腐败问题，教育、医疗、社会保障等公共事业发展问题，等等。国内一些人把改革发展中形成的这些矛盾和问题归咎于改革开放，认为"改革开放过头了"，偏离了社会主义轨道。国外也有一些学者认为，中国在改革开放以后所采取的政策措施，已实际上越来越走上了资本主义道路，中国特色社会主义抛弃了社会主义的一切价值和原则。马丁·哈特-兰兹伯格认为，"中国的市场社会主义改革并未将中国导向一种新型的社会主义，而是导向了一种日渐分化和残忍的资本主义形态"①。"中国的市场改革并不通往社会主义的复兴，而是通往彻底的资本主义复辟。"②这些论断被国内一些坚持"左"的立场、反对改革开放的人引为口实，试图以此消解大家对改革开放发展方向的共识，试图把中国拉回僵化的苏联体制，毁掉改革开放的前程。

所谓"不足论"。与"过头论"相反，一部分人认为改革还远未到位。有人说，社会主义就是效率加公平，因此无产阶级革命和专政是没有必要的，只要国家站在不偏不倚的立场上调节劳资关系，集中力量发展生产就可以了。③个别学者甚至提出，必须"从公有制的框框中解放出来"，声称"中国特色社会主义不需要以公有制为主体"，应该"用价值目标（共同富裕）界定社会主义，以取代用经济制度（公有制）界定社会主义"。也就是说，改革只有突破公有制为主体的社会主义基本经济制度才算到位，否则，改革就不彻底。其潜台词就是，只有在中国实现全盘私有化，才能实现发展，否则就是"改革不足"、"开放不足"。这是来自右的方面对改革开放的质疑，目的是要把改革开放拉向西方轨道。

---

① 《日渐衰落的西方仍有故事要讲——评约瑟夫·奈〈权力的未来〉一书》，载《参考消息》2011年3月14日。

② 【美】乔纳森·安德森：《走出神话：中国不会改变世界的七个理由》，中信出版社2006年版，第165页。

③ 转引自周新城《从"社会主义说不清楚"说开去》，载《学习论坛》2011年第7期。

2. 国家资本主义论

在西方媒体话语中，"国家资本主义"总是与中国的改革开放联系在一起，有人还直接把"中国"作为定语，称为"中国式的国家资本主义"。他们把当今世界简单区分为自由资本主义和国家资本主义两大阵营，属于国家资本主义阵营的都是专制国家。2009年，伊恩·布雷默（Ian Bremmer）在《自由市场的终结》一书中说，世界上的专制政府"制造了国家资本主义"，在这个体系里，政府利用各种国有公司开发资源、创造岗位；它们利用选定的私有公司来控制特定的经济领域；它们通过所谓的国家财产基金进行额外投资，以使国家利益最大化。在这种情形下，国家都是在利用市场来创造官员认可的利益。

国际投资资本"大鳄"索罗斯认为，中国奉行的"国家资本主义"是相对于"国际资本主义"的一种替代性的经济组织模式，它有三个特征：其一，政策制定常常出于政治考量，而非单纯的商业动机；其二，在和资源丰富的国家打交道时目光聚焦于资源本身，而非那些国家的政权性质和老百姓的利益；其三，注重双边渠道，而非积极参与国际多边体系。[1]索罗斯及其同行们渴望中国放弃一切经济主权，以便他们在中国攫取更多利益。如果中国坚持自己的主权原则，维护自身经济安全，抵制国际垄断资本对中国的经济掠夺，则被他们直接扣上"国家资本主义"的帽子。

3. 新官僚资本主义论

一部分人认为，中国现在搞的不是社会主义，中国的改革开放

---

[1] 参见张宇燕《再全球化——中国的机遇与挑战》，载《东方早报》2013年1月8日。

是"新资本主义"。让一部分人先富起来导致了两极分化，发展个体和私营经济产生了一个新的资产阶级，因此，在他们看来，"改革的过程已经基本被一些利益集团所左右和扭曲"，中国现在搞的是"新官僚资本主义"或者说是"资本社会主义"。这是一种不负责任的乱贴标签，但其影响却使一些望文生义者以偏概全，在不知不觉中丧失了对改革开放的信心。

4. 政治体制改革滞后论

有人认为，改革开放以来中国经济的发展并没有带来政治上的根本变革，鼓吹"政治体制改革滞后并阻碍了经济体制改革"，改革还远未到位，应该以西方政治制度特别是美国的政治模式为标准来搞全面彻底的改革。如果不这样改，他们就觉得"不过瘾"，不符合世界发展潮流。

总起来看，上述对改革开放的种种指责、否定或质疑、困惑，要么是因为不了解中国国情和社会发展的实际而产生的误解，要么是带着意识形态的有色眼镜而妄加揣测，本质上都是否定党的十一届三中全会以来的路线方针政策，进而否定中国特色社会主义。这一切，不仅会削弱我们对改革开放的信心和决心，干扰中国特色社会主义建设进程，而且会影响中国在国际上的形象和声誉。对此，我们应有清醒的认识，引导党员干部明辨是非，坚定道路自信。

二、改革开放是决定中国命运的关键一招

中国实行改革开放，绝非历史的"偶然"，而是中国共产党人和中国人民的历史性抉择。30多年来，中国发展的成就证明，改

革开放是中华民族实现伟大复兴的成功之路。中国人民靠自己的智慧、苦干而开创和发展的中国特色社会主义，为中国实现现代化开辟了更加广阔和美好的前景。继续坚持这条成功之路，用好决定中国命运的这个"关键一招"，就必须正确应对关于改革开放的种种指责、曲解甚至诋毁，消除种种疑虑和困惑，不断增强全面深化改革的共识，在坚持和发展中国特色社会主义制度的同时，大力推进国家治理体系和治理能力现代化建设。

1. 改革决不能走回头路

中国改革是在社会主义建设遇到严重困难时开始的。长期的"左"的错误，特别是"文化大革命"的十年内乱，使国民经济濒临崩溃的边缘，人民生活十分贫困。邓小平指出："社会主义要表现出它的优越性，哪能像现在这样，搞了二十多年还这样穷，那要社会主义干什么？"

"穷则思变"，改革首先从农村开始。1978—1985年，农村改革先从安徽、四川的包产到户开始，然后向全国推行家庭联产承包责任制。1981年，安徽滁州凤阳县小岗村的18名农民在家庭联产承包责任制契约上按下手印，率先实行了"包产到组、包产到户"，揭开了中国农村改革的序幕。这一改革的成功，既是农民的创造性实践，也得益于1979年后中央连续五个"一号文件"使其迅速推广。农民获得了生产自主权，又得到了提高粮价等政策的好处，农村经济形势空前好转。这是农民受益最多的时期。

1986—1992年，我国进入农村工业化发展时期，乡镇企业异军突起，劳动力大量转移到二、三产业，农民进厂进城、务工经商，带动了农村经济持续发展。1984年乡镇企业产值1709.9亿元，1991年达到11 621.7亿元。

农村改革成功后再进行城市改革。"城市改革是在农村改革的启示和推动下起步的"①。1979年后，以"简政放权"和"减税让利"为基本思路，"以形成产品市场和搞活企业为战略方向的经济体制改革"逐步展开，并取得了实质性进展。②企业改革实际上是把农村改革的成功经验移植过来，搞承包制，扩大企业自主权。1984年经济体制改革把个体经济作为社会主义经济的必要补充，广开门路，搞活经济。1987年，党的十三大不仅继续鼓励发展集体经济和个体经济，还提出鼓励和发展私营经济，逐步形成了以公有制为主体、多种所有制形式和多种经营形式并存，以按劳分配为主体、多种分配形式并存的格局。改革开放30多年来，社会主义市场经济蓬勃发展，社会活力竞相迸发，我国经济实力、综合国力、人民生活水平都迈上了一个大台阶。

实践充分证明，改革开放是党和人民事业大踏步赶上时代的重要法宝。改革没有过头，决不是某些人所谓的"一夜回到解放前"。坚持"左"的思想立场的那些人心目中的社会主义，就是"一大二公"、平均主义"大锅饭"、"以阶级斗争为纲"的僵化模式，我们决不能走这样的回头路。因为：

第一，没有改革开放，就没有今天中国经济的繁荣局面。新中国建立初期，满目疮痍、民生凋敝，经济严重落后。毛泽东曾经深有感触地说："现在我们能造什么？能造桌子椅子，能造茶碗茶壶，能种粮食，还能造纸，但是，一辆汽车，一架飞机，一辆

---

① 吴敬琏：《关于改革战略选择的若干思考》，载《经济研究》1987年第2期。
② 参见中国经济体制改革研究所综合调查组《改革：我们面临的挑战与选择》，载《经济研究》1985年第11期。

坦克，一辆拖拉机都不能造。"经过几十年的社会主义建设，到1978年，中国已经建立起比较完整的工业体系，能够制造从农业机械到工业成套设备以及喷气式飞机、运载火箭等。但由于"文革"的原因，当时整个经济实际上处于缓慢发展和停滞状态，生产效率较低。如1978年中国人均GDP低于印度，只有日本的1/20，美国的1/30，科技发展水平落后于发达国家40年左右，落后于韩国、巴西等发展中国家2年左右。西德一个年产5000万吨褐煤的露天煤矿只用2000名工人，而中国生产相同数量的煤需要16万名工人，相差80倍；法国马赛索尔梅尔钢厂年产350万吨钢只需7000名工人，而中国武钢年产钢230万吨却需要6.7万名工人，相差14.5倍。

改革开放以来，我国经济总量不断迈上新台阶，综合国力和国际竞争力由弱变强，成功实现由低收入经济体向上中等收入经济体的历史性跨越。国内生产总值由1978年的3645亿元跃升到2013年的

历年前十大经济体（按三大国际组织数据平均值，单位：10亿美元）

年份	第1位	第2位	第3位	第4位	第5位	第6位	第7位	第8位	第9位	第10位
2012	美国 15,684.750	中国 8,227.037	日本 5,963.969	德国 3,400.579	法国 2,608.699	英国 2,440.505	巴西 2,395.968	俄罗斯 2,021.960	意大利 2,014.079	印度 1,824.832
2010	美国 14,498.925	中国 5,937.461	日本 5,488.553	德国 3,312.193	法国 2,570.592	英国 2,267.482	巴西 2,142.926	意大利 2,060.887	印度 1,630.472	加拿大 1,577.040
2005	美国 12,599.260	日本 4,552.194	德国 2,790.003	英国 2,291.673	中国 2,265.831	法国 2,137.772	意大利 1,778.723	加拿大 1,133.759	西班牙 1,130.823	巴西 884.760
2000	美国 9,916.360	日本 4,667.449	德国 1,902.080	英国 1,478.541	法国 1,329.736	中国 1,196.599	意大利 1,098.416	加拿大 724.916	巴西 643.950	墨西哥 630.028
1995	美国 7,377.743	日本 5,333.926	德国 2,523.455	法国 1,570.750	英国 1,157.245	意大利 1,126.249	巴西 769.214	中国 737.638	西班牙 596.928	加拿大 590.506
1990	美国 5,770.043	日本 3,048.709	德国 1,658.649	法国 1,245.813	意大利 1,134.137	英国 1,014.328	苏联 740.339	加拿大 582.731	西班牙 520.872	巴西 431.730
1985	美国 4,196.593	日本 1,360.129	苏联 914.118	德国 685.817	法国 544.679	英国 465.822	意大利 436.165	加拿大 355.707	中国 307.589	印度 228.655
1980	美国 2,774.850	日本 1,067.125	苏联 940.038	德国 888.467	法国 691.179	英国 542.093	意大利 460.090	加拿大 268.890	中国 232.793	西班牙 225.452
1975	美国 1,623.700	苏联 685.972	日本 501.605	德国 474.791	法国 357.034	英国 236.470	意大利 219.392	加拿大 170.689	中国 161.162	巴西 115.881
1970	美国 1,024.900	苏联 433.412	日本 209.071	德国 208.869	法国 146.985	英国 124.883	意大利 109.258	中国 91.506	加拿大 86.304	印度 61.332

56.8万亿元。

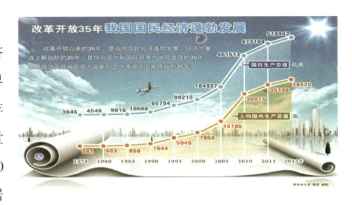

1978年我国经济总量仅位居世界第十位，2008年超过德国，居世界第三位，2010年超过日本，居世界第二位，成为仅次于美国的世界第二大经济体。

第二，没有改革开放，就没有今天中国人民的美好生活。1978年的中国，在发展中国家中还是比较落后的一个大国。陈云在1979年3月21至23日的政治局会议上说："我们国家是一个九亿人口的大国，百分之八十的人口是农民。我们还很穷，不少地方还有要饭的。"人均粮食消费甚至略低于1957年，农民人均年收入不到60元（按当时汇率为39美元左右）。当时的外汇中有大约12%要用于购买粮食。[①] 改革开放以来，我国城乡居民生活实现了从基本消灭贫困到解决温饱，再到总体小康、向全面小康目标迈进的历史性跨越。2012年城镇居民人均可支配收入24 565元，农村居民家庭人均纯收入7917元，扣除物价上涨因素后，实际分别比1978年增长10.5倍和10.8倍，城乡居民拥有的财富明显增加。贫困人口大幅减少，农村绝对贫困人口从1978年的2.5亿人减少到2010年的2688万人，平均每年脱贫544万人。2011年我国将农民人均纯收入2300元（按照2010年不变价计算）作为新的国家扶贫标准，将更多低收入人口纳入扶贫范围。

第三，没有改革开放，就没有今天中国的国际地位。我国对外

---

① 参见【美】傅高义《邓小平时代》，三联书店2013年版，第424页。

开放的广度和深度不断拓展，从沿海到沿江、沿边和内陆，从制造业到农业和服务业，从大规模"引进来"到大踏步"走出去"，中国对世界经济的影响力大幅提升。2012年我国货物进出口总额达到38 671亿美元，比1978年增长186倍，货物出口总额位居世界第一位。2012年实际使用外商直接投资金额1117亿美元，连续多年位居发展中国家首位；对外直接投资净额878亿美元，年末对外直接投资存量达到5319亿美元。

30多年来的实践告诉我们：没有改革开放，就没有当代中国的发展进步，改革开放坚决不走回头路，这是坚持和发展中国特色社会主义的一条宝贵经验。在改革开放的过程中，有右的东西影响我们，也有"左"的东西影响我们，根深蒂固还是"左"的东西，邓小平指出："中国要警惕右，但主要是防止'左'。"改革开放政策要长期保持稳定，不要受任何干扰。"党的基本路线要管100年，动摇不得"。我们绝不能走封闭僵化的老路。习近平同志指出，改革开放是"大势所趋、人心所向，停顿和倒退没有出路"。只有改革开放，才能适应时代的发展，进一步解放和发展社会生产力，激发和凝聚社会创造力，把中国特色社会主义不断推向前进。

市民在深圳深南大道旁的邓小平画像前的广场上休憩（2008年10月14日摄）

2. 改革决不能搞私有化

有些人所谓的"改革开放不足"，实际上是认为私有化不足。他们鼓吹经济上搞私有化，认为只有私有化才能搞市场经济，只有私有化才能促进经济发展。有人以打破国有企业的垄断地位为名，主张削弱甚至像苏联解体时那样分掉国有企业；有人以要素市场形成为名提出要搞土地私有化，等等。这些观点试图改变中国改革开放的社会主义性质，其影响和后果都很危险。

改革开放以来，我国经济体制经历了由计划经济到有计划的商品经济进而到社会主义市场经济的转变。1984年十二届三中全会通过的《关于经济体制改革的决定》，突破了计划经济与商品经济对立起来的观念，提出我国要实行公有制基础上的有计划的商品经济，商品经济是社会主义经济不可逾越的阶段，是实现我国经济现代化的必要条件。这一认识，是社会主义经济理论的一个重大突破，为中国经济体制改革指明了发展方向。

我国对国有企业先后实行了利改税、拨改贷、放权让利、承包制、股份制、建立现代企业制度等改革。与此同时，为了减少改革的阻力，绕开一些改革难点，从体制外和微观层面进行改革，改革重点从国有经济部门转向非国有部门，积极发展非国有经济和多种经济成分。因为非国有经济与市场经济具有天然的一致性，其存在和发展都以市场为导向，自主经营、自负盈亏，不存在政企不分、"大锅饭"的问题。以此入手进行改革，成本小、收益大。1978—1993年，中国改革的基本政策就是中央向地方、企业、个人"放权让利"，调动积极性，搞活经济。在农村，实行家庭联产承包责任制，让干得好的农户获得更高收入；在城市，国营企业实行利润留成，让干得好的企业和个人获得更高收入。这种实行"松绑放权"和"给好处"的做法，使微观主体拥有了一定的自主权，极大地调动了劳动者、企业、地方的积极性。同时，80年代初期，个体经济、私营经济作为社会主义公有制经济的有益补充，也得以恢复和发展。

但是，中国经济改革的探索在相当长的一段时间内，没有突破苏联模式的束缚，没有突破计划经济是社会主义本质特征的传统观念。"认识上的莫衷一是和实践中的来回摆动，表明我们在计划和市场问题上，尽管是在摸索中不断前进，但毕竟还有难解疑窦。"[①]1992年，邓小平在南方谈话中严肃批评了阻碍改革开放的"左"的思想，指出："改革开放迈不开步子，不敢闯，说来说去就是怕资本主义的东西多了，走了资本主义道路，要害是姓'资'姓'社'的问题。"邓小平说，不能根据"本本"或主观想象来界定社会主义，"贫穷不是社会主义"，"发展太慢不是社会主义"，"不发展经济，不改善人民生活，只能是死路一条"。因此，"计划经济不等于社会主义，资本主义也有计划；市场经济不等于资本主义，社会主义也有市场，计划和市场都是经济手段。"邓小平指出，社会主义的本质，是解放生产力、发展生产力，消灭剥削，消除两极分化，最终达到共同富裕。

邓小平的南方谈话，回答了改革开放实践中提出的重大问题，化解了经济领域姓"社"姓"资"的最大困扰，为发展社会主义市场经济奠定了思想理论基础。随着改革的深入，非公有制经济迅速发展，在GDP中的比重不断提高，对经济增长的贡献逐渐加大，使

---

① 刘国光：《邓小平理论学习笔记》，辽宁人民出版社1997年版，第588页。

我国经济在所有制结构上发生较大变化。1980—1995年，在全国工业总产值中，国有经济的比重从76%下降到34%，集体工业的比重从23.5%上升到36.6%，城乡个体工业的比重从0.02%上升到16.5%。2003年，我国市场化指数接近74%，非国有经济对GDP的贡献接近70%，价格完全由市场确定的产品比重达90%，初步构建起社会主义市场经济体制的基本框架，经济改革完成了对传统计划经济体制的全面置换和替代，进入完善社会主义市场经济体制阶段。

社会主义从计划经济向市场经济的转变，是一场深刻的变革。30多年来，我国经济改革打破公有制一统天下的局面，确立公有制为主体、多种所有制共同发展的基本经济制度。但是，市场化导向的中国经济改革，不是对国有企业进行私有化的"改造"，不是否定、抛弃社会主义的"改向"，改变的只是建设社会主义的方法和形式，而没有改变社会主义本质。我们反复强调"社会主义市场经济体制是同社会主义基本制度结合在一起的"，社会主义加市场经济这两种优势的叠加、融合，推动着中国经济快速发展。私有化过去不是改革的方向，现在和将来中国改革的方向也不会是私有化。这是因为：

第一，私有化并不一定能够促进经济发展。目前，世界上实行私有化的经济体有近200个，其中发达的资本主义经济体只占极小部分。《经济学人》认为，今天西方多数国家的经济都成了"寅吃卯粮"的债务依赖型经济，即通过借新债还旧债的方法，解决经济和财政问题。"对民主最大的挑战，既不是来自上面，也不是来自下面，而是来自内部，来自选民自身。"民主制度下的政府也已形成了不把巨额的结构性赤字当回事的习惯，他们通过借债来满足选民的短期需求，而忽略长期投资。法国和意大利已经30多年没有实现收支平衡了，冰岛政府因治理无方使"国家破产"，金融危机已将私有化经济的不可持续性暴露无遗。2008年以来，西方国家经济普遍陷入严重衰退，失业率居高不下，贫富差距进一步扩大。据报道，2012年美国1%最富有人群的收入，占全民年收入的19%，创下1928年以来最高纪录，绝大多数中产阶级生活改善缓慢，相当多的人甚至生活贫困化。

第二，私有化不是发展中国家包治百病的"良方妙药"。前些年，西方一些人在俄罗斯搞"500天计划"，以"休克疗法"搞私有化运动，瓦解了俄罗斯原有的经济制度，从根本上改变了整个社会的面貌。乌克兰推行私有化改革的十年，国民经济倒退了60%。阿根廷在西方支持下进行"私有化"改革，结果国民经济严重衰退，国家负债1300多亿美元，社会分化，人民贫困，贫困率由私有化之前的7.7%猛增至30%，失业率超过了20%。许多国家的"私有化"带来的是"贫困化"，是民不聊生，是民族的冲突和国家的动荡。

历史的教训值得深思。在中国改革的进程中，离开了公有制为主体搞私有化，必然会产生两极分化，造成富者愈富、贫者愈贫的"马太效应"。削弱国有企业在国民经济中的主导地位、主导作用，在关系国家安全和国民经济命脉的重要行业与关键领域放弃国有企业的影响力，甚至分掉国有企业，必然会为国际垄断资本所控制，国家的主权和民族的独立就难以保障。因此，经济改革要不断增强国有经济的控制力、影响力。

城镇化是解决农业、农村、农民问题的重要途径，是现代化的必由之路。但土地私有化绝不是解决"三农"问题的出路。我国人多地少，经营规模小，劳动生产率低，人均耕地仅0.1公顷，农户户均土地经营规模约0.6公顷。如果实行土地私有化，其结果非但不能加快实现农业现代化和城镇化，反而可能导致大量农民失去土地，大批涌进城市却难以就业，可能会出现城市贫民窟化。事实证

━━★ 资料链接 ━━━━━━━

城市化（urbanization/urbanisation）也称为城镇化，是由以农业（第一产业）为主的传统乡村社会，向以工业（第二产业）和服务业（第三产业）、高新技术产业和信息产业（第四产业）为主的现代城市社会逐渐转变的历史过程。具体包括人口职业的转变、产业结构的转变、土地及地域空间的变化。不同的学科从不同的角度对之有不同的解释，就目前来说，国内外学者对城市化的概念分别从人口学、地理学、社会学、经济学等角度予以阐述。2011年，中国城镇人口占总人口的比重达51.27%，标志着中国城镇化率首次突破50%。

明，私有化是不符合我国现实发展规律，不符合广大人民群众切身利益的错误选择。我们决不能搞土地私有化，而要坚持以人为本，建立和完善城乡发展一体化的体制机制，合理引导人口流动，有序推进农业转移人口市民化，稳步推进城镇基本公共服务常住人口全覆盖，不断提高人口素质，促进人的全面发展和社会公平正义，使全体居民共享现代化建设成果。

━━★ 资料链接 ━━━━━━━━━━━━━━━━━━━━━━

国家新型城镇化规划（2014—2020年）

国家新型城镇化规划（2014—2020年），根据中国共产党第十八次全国代表大会报告、《中共中央关于全面深化改革若干重大问题的决定》、中央城镇化工作会议精神、《中华人民共和国国民经济和社会发展第十二个五年规划纲要》和《全国主体功能区规划》编制，按

照走中国特色新型城镇化道路、全面提高城镇化质量的新要求，明确未来城镇化的发展路径、主要目标和战略任务，统筹相关领域制度和政策创新，是指导全国城镇化健康发展的宏观性、战略性、基础性规划。

1978－2013 年 城镇常住人口从 1.7 亿人增加到 7.3 亿人，城镇化率从 17.9% 提升到 53.7%，年均提高 1.02 个百分点；城市数量从 193 个增加到 658 个，建制镇数量从 2173 个增加到 20113 个。京津冀、长江三角洲、珠江三角洲三大城市群，以 2.8% 的国土面积集聚了 18% 的人口，创造了 36% 的国内生产总值。

城镇化率 年均增长	城镇人口 年均增长	建制市	建制镇
17.9% → 53.7%	1.7 亿人 → 7.3 亿人	193 个 → 658 个	2173 个 → 20113 个

我国城镇化发展历程

3. 改革决不是搞"国家资本主义"

"国家资本主义"本来是国际共产主义运动中的专门术语，列宁和毛泽东等对此有专门阐述。2008年金融危机以后，西方媒体热炒"国家资本主义"话语，更多是意识形态的炫目标签，而没有太多学术意义。2012年，时任美国国务卿的希拉里·克林顿在多个场合发表演讲时使用过这个概念，作为其批评以中国为代表的新兴国家经济发展模式的理由。她认为，国家资本主义的兴起，对世界经济构成战略挑战，以主权财富基金和大型国有企业为特征的国家资本主义会造成世界范围内以企业为基本单位的经济竞争不平等；大型国有企业的管理缺乏透明度和问责制，可能成为一些国家滥用经济优势、干扰邻国发展的工具。用"国家资本主义"或"资本社会主义"称呼中国，否认中国改革的社会主义性质，这无疑是荒谬的。

第一，将世界划分为"市场资本主义"和"国家资本主义"，是一种简单化的思维。

世界是多彩的。以美国为代表的资本主义模式也只是资本主义世界中的一种模式，其他还有英国模式、莱茵模式、瑞典（福利国家）模式、东亚模式等，事实上，几乎所有国家都或多或少存在着政府干预经济的形式，只不过程度不同而已。

"一花独放不是春，百花齐放春满园。"如果世界上只有一种花朵，就算这种花朵再美，那也是单调的。人类在漫长的历史长河中创造和发展了多姿多彩的文明，从茹毛饮血到田园农耕，从工业革命到信息社会，构成了波澜壮阔的文明图谱，书写了激荡人心的文明华章。世界是丰富多彩的，当今世界上有200多个国家和地区，每个国家都能够根据本国的国情创造适合自己发展的道路和模式。中国特色社会主义是把马克思主义普遍原理与本国国情相结合的、不同于西方发达国家的另一种现代化发展道路（或模式）。世界是多向度发展的，不能总是用美国或西方自己的标准来裁判其他国家的发展道路。

第二，经济行为的合法性并不取决于国家或企业的性质，而取决于经济竞争是否平等，是否遵守竞争规则。

西方经济学主流一直有意贬低政府在经济发展中的作用，但如果认真回顾主要发达国家崛起的历史，就不难发现国家在其中扮演着非常重要的角色。但是这样的历史一直被西方主流经济理论所回避，剑桥大学张夏淮教授称其为"抽掉梯子"。他认为，发展中国家应该积极探索符合自身国情和利益的发展道路，特别是以自主的方式融入世界经济。耶鲁大学经济学教授罗伯特·希勒在《A.斯密遗漏了什么》一文中强调了政府的作用，认为政府的职责应该是在两个层面上采取措施确保市场稳定，即有责任去监督资产市场和有责任通过其平衡性的财政政策维持充分就业。"这类经济背后的原理，并非社会主义经济背后的原理。政府只是在可能的范围内创造有利于经济良好运行的宏观环境。"

格申科龙也在《经济落后国家的经济透视》中指出，在后发地区，国家必须在经济发展中发挥更大的作用。国有企业对于发展中国家而言具有特殊意义。总结20世纪以来的发展经验，经济学家认为，在全球化背景下，国有企业有利于在提高发展中国家经济福利的同时实现社会目标。[1]

"国家资本主义"论者总是攻击中国国有企业的效率和腐败问题。腐败问题是全球性的普遍问题，并不为某些国家所独有。国有企业并不必然就是低效率和容易滋生腐败，英国、德国、法国和日本历史上都存在大量的国有企业。没有充分证据表明，国有企业效率和问责程度比私有企业差，在2008年金融危机中，国有企业的效率和社会责任表现突出。而美国一些企业明显缺乏透明度和社会责任，尤其是经营者对于所有者缺乏责任。这些企业肆无忌惮地进行所谓金融创新，其实是不负责任地玩转移风险的"投机游戏"，而危机来临时又因"过大而不能倒闭"得到政府的巨额救助，侵吞纳税人的利益。

自由资本主义只是经济行为天然合法的一个神话，企业绩效的高低、社会责任的大小并不取决于是国企还是私企。中国国有企业总体上已经同市场经济相融合，国有企业的效益和效率都有所提高。当然，提高企业绩效的根本途径是竞争，而并非一些人所鼓噪

---

[1] 参见【英】张夏准《富国的伪善：自由贸易的迷思与资本主义秘史》，社会科学文献出版社2009年版。

的"私有化"。中国自加入WTO以后，一直遵循西方国家制定的规则参与国际经济合作，参与世界经济竞争，获得较多的发展机遇和发展空间。无论是运行主权财富基金还是开展国际投资，都是遵循国际经济规则和国际惯例的。在改革开放中，中国企业一直按照国际规则在国内外市场展开竞争，并创造了经济总量快速跃升的"中国奇迹"。2012年，中国境内投资者对141个国家和地区的4425家境外企业进行直接投资，累计实现非金融类直接投资722.2亿美元。中国的工业化发展已从商品输出阶段进入了投资输出和服务贸易输出阶段。这令西方一些人惊讶和恐惧，所以，他们总是用"国家资本主义"的标签来打压中国，可以预见，今后围绕国际贸易规则话语权的斗争将更加激烈。

4. 前后"两个历史时期"不能相互否定

中国用几十年的时间走完了发达国家几百年走过的发展历程。路是一步一步走过来的，跨出第一步，才有第二步。有些人喜欢将改革开放前后的两个历史时期割裂甚至对立起来。或者是对改革开放前一时期（1949—1978）全面否定，以衬托、解释后一时期（1978年至今）的改革成功；或者是在批评当今改革过程中出现的贫富差距、腐败蔓延等问题时，喜欢用新中国的前一时期来否定后一时期，认为改革开放前30年实行的是典型的社会主义，更符合马克思、恩格斯当年的设想和人民群众的愿望，等等。所有把两个历史时期完全对立起来、互相否定的观点，都是十分片面的、错误的。

西方左翼学者普遍认为，改革开放后中国经济所取得的非凡成就，和毛泽东时期所打下的社会经济基础和人民所受到的教育分不开。莫里斯·迈斯纳认为："改革前30年的基础建设是后30年发展的起点。"那种认为毛泽东为了意识形态而牺牲现代化的观点是站不住脚的，"在毛泽东时代，工业总产值在工农业总产值中的比重由30%增加到72%，中国已从一个基本的农业国转变为一个初具规模的工业国。"[1]

历史已经证明，如果没有1949年建立新中国并进行社会主义革命和建设，积累了重要的思想、物质、制度条件，积累了正反两方面的经验，改革开放就很难顺利推进，中国特色社会主义道路也很难成功开创。中国特色社会主义理论体系，不仅包括对毛泽东思想活的灵魂即实事求是、群众路线、独立自主的继承和发展，也包括对社会主义建设探索中正确的经验总结和独创性理论成果的继承与发展。如，毛泽东在《论十大关系》、《关于正确处理人民内部矛盾的问题》等著作中，提出了关于社会主义社会的基本矛盾、我国国内的主要矛盾，要正确区分与处理敌我矛盾和人民内部矛盾；要坚持以农业为基础和工业为主导，以农轻重为序安排国民经济，走一条中国的工业化道路；社会主义可分为"不发达"和"比较发达"两个阶段；加强社会主义法制建设，反对领导机关和领导干部官僚化、特殊化等思想观点。尽管上述正确的思想观点和方针政策有的并没有得到贯彻落实，有的没有坚持下去，但党在这一时期的经验总结和认识成果，为开创和发展中国特色社会主义提供了重要思想来源。

正如邓小平所指出的："从许多方面来说，现在我们还是把毛泽东同志已经提出、但是没有做的事情做起来，把他反对错了的改

---

[1] 【美】莫里斯·迈斯纳：《毛泽东的中国及后毛泽东的中国——人民共和国史》，四川人民出版社1989年版，第537页。

正过来，把他没有做好的事情做好。今后相当长的时期，还是做这件事。当然，我们也有发展，而且还要继续发展。"①

改革开放前后两个时期不能相互否定，它们是坚持、改革、发展的关系，是继承和创新的关系，它们始终坚持科学社会主义的指导，同时又不断解放思想、实事求是，用发展着的马克思主义指导当代中国社会主义实践。改革开放前后两个历史时期是两个相互联系又有重大区别的时期。一方面，二者在坚持社会主义发展方向、基本制度、根

本任务、奋斗目标的基础上相互联系，两个历史时期之间决不是彼此割裂的，更不是根本对立的；另一方面，二者在进行社会主义建设的思想指导、方针政策、实际工作上有着很大差别，也包括在进行社会主义实践探索的内外条件、实践基础等方面存在很大差别。其中，有的差别是具有转折意义的，比如，从"以阶级斗争为纲"到"以经济建设为中心"，从高度集中的计划经济体制到社会主义市场经济。而前后两个时期的联系则大多是本质的、内在的，都是

---

① 《邓小平文选》第2卷，人民出版社1994年版，第300页。

党领导人民进行社会主义建设的实践探索。只有正确认识这种联系与区别，才能看到，无论用哪一个历史时期否定另一个历史时期，都是对自己这个历史时期的否定，是历史虚无主义的表现。

5. 改革绝不能照搬照抄西方政治制度

改革是在中国共产党的领导下逐步进行的，并在市场化、民主化的总体导向下不断走向深化。以经济体制改革为先导，同时，政治体制改革又"寓于"经济体制改革之中。政府有效推进价格改革、国有企业改革、贸易体制改革、金融体制改革，逐步实现体制内的改革，以新的制度安排替代或置换旧的制度结构，实现了由"市场诱致推动"向"政府强制推动"的驱动力量、由"增量改革"向"存量改革"的两个转变。在经济体制改革的整个过程中，我们始终坚持社会主义制度并在共产党的领导下进行。政治体制改革选择了积极稳妥、有序推进的道路，渐进地、增量式发展社会主义民主。因此，不能笼统地说政治体制改革滞后。

我们知道，农村实行家庭联产责任制之时，政治上就废除了人民公社体制，后来又废除了领导干部终身制，实行任期制。可以说，政治体制改革一直在稳步推进。中国改革首先是一个经济发展过程，其次表现为一个政治演变过程，最终则体现为社会整体变革的过程。也就是说，改革是在政治过程的控制下进行的经济变革和社会变化过程的统一。改革总体上不存在哪些方面改了，哪些方面没有改，改革在某些方面滞后的问题。在某些方面、某个时期，改革快一点、慢一点是有的。问题的实质是改什么、不改什么，有些不能改的，再过多长时间也不能改。中国既不走封闭僵化的老路，也不走改旗易帜的邪路。中国改革就是要不断推动社会主义制度自我完善和发展，决不能改弦更张。

■ 三、在改革开放中巩固和发展中国特色社会主义

社会主义不是书斋里的教条，而是在实践中人民群众的创造。在改革开放过程中，我们既坚持科学社会主义的基本原则，又根据时代条件赋予其鲜明的中国特色。这就是在中国共产党领导下，立足基本国情，以经济建设为中心，坚持四项基本原则，坚持改革开放，

—《原声再现———

改革开放以来历次三中全会都研究讨论深化改革问题，都是在释放一个重要信号，就是我们党将坚定不移高举改革开放的旗帜，坚定不移坚持党的十一届三中全会以来的理论和路线方针政策。说到底，就是要回答在新的历史条件下举什么旗、走什么路的问题。

——2013年11月15日，习近平总书记关于《中共中央关于全面深化改革若干重大问题的决定》的说明

解放和发展社会生产力，建设社会主义市场经济、社会主义民主政治、社会主义先进文化、社会主义和谐社会、社会主义生态文明，

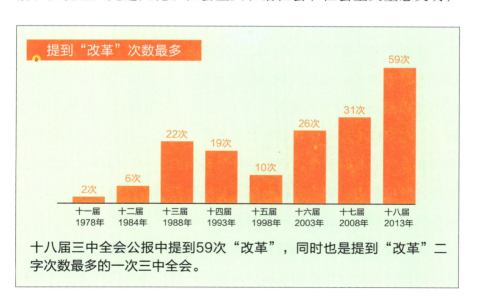

提到"改革"次数最多

2次	6次	22次	19次	10次	26次	31次	59次
十一届 1978年	十二届 1984年	十三届 1988年	十四届 1993年	十五届 1998年	十六届 2003年	十七届 2008年	十八届 2013年

十八届三中全会公报中提到59次"改革"，同时也是提到"改革"二字次数最多的一次三中全会。

促进人的全面发展，逐步实现全体人民共同富裕，建设富强民主文明和谐的社会主义现代化国家。习近平指出："这些都是在新的历史条件下体现科学社会主义基本原则的内容，如果丢掉了这些，那就不成其为社会主义了。"

1. 市场经济改革：社会主义经济制度的自我完善

《共产党宣言》明确指出，社会主义制度建立后，必须"把一切生产工具集中在国家即组织成为统治阶级的无产阶级手里，并且尽可能快地增加生产力的总量"。列宁在十月革命胜利后也指出："当无产阶级夺取政权的任务解决以后，随着剥夺剥夺者及其镇压他们反抗的任务大体上和基本上解决，必然要把创造高于资本主义的社会结构的根本任务提到首要地位，这个根本任务就是，提高劳动生产率。"

中国特色社会主义脱胎于半殖民地半封建社会，处于生产力不发达的社会主义初级阶段。邓小平认为："讲社会主义，首先就要使生产力发展，这是主要的。只有这样，才能表明社会主义的优越性。社会主义经济政策对不对，归根到底要看生产力是否发展，人民收入是否增加。这是压倒一切的标准。" 所以，改革开放后，我们把以经济建设为中心作为兴国之要，牢牢坚持"发展是硬道理"，在实践中逐步建立起社会主义市场经济体制，既毫不动摇地巩固和发展公有制经济，积极推进公有制的多种实现形式，增强国有经济的控制力、影响力；又毫不动摇地鼓励、支持和引导非公有制经济的发展，保证各种所有制经济依法平等使用生产要素，公平参与市场竞争，促进多种所有制经济快速发展，形成了公有制为主体、多种所有制经济共同发展的新格局，使中国特色社会主义充满生机和活力。

"贫穷不是社会主义"，社会主义的本质就是"解放生产力，发展生产力，消灭剥削，消除两极分化，最终达到共同富裕"。共同富裕对于社会主义来说具有根本性意义，中国特色社会主义的最终目的就是要使全体人民过上富裕幸福的生活。解放生产力，发展生产力，要体现在人民生活水平的改善上，体现在"富裕"上。社会主义的目的是"共同富裕"，它既不是平均主义，平均主义、吃"大锅饭"实际上是共同贫穷；也不是"两极分化"，不是"富者田连阡陌，贫者无立锥之地"；而是允许一部分地区、一部分企业、一部分人通过诚实劳动和合法经营先富起来，起示范作用，然后带动其他地区和人民比较快地富裕起来。当然，共同富裕的实现是一个不断奋斗的过程，不可能在短时间内实现，必须分阶段实施。改革开放的总设计师邓小平提出现代化建设"三步走"的发展战略，就是带领人民依次解决温饱问题、生活达到小康水平、人民生活比较富裕而基本实现现代化这样三个发展阶段。改革开放30多年来，中国的年均GDP增长率超过9%，人民生活实现了从温饱不足到总体小康的历史性跨越，开始进入中等收入国家的行列，到2020年全面建成小康社会的新目标指日可待。

在新的发展阶段，党的十八大确立了科学发展观的指导思想地位，不仅坚持以经济建设为中心的"发展硬道理"，而且更加强调"以人为本"，"坚持发展为了人民、发展依靠人民、发展成果由人民共享"。在实践中更加强调共同富裕的基本要求，着力解决收入分配差距较大问题，努力实现居民收入增长和经济发展同步、劳动报酬增长和劳动生产率提高同步，提高居民收入在国民收入分配中的比重，提高劳动报酬在初次分配中的比重。初次分配和再分配都兼顾效率与公平，再分配更加注重公平。在经济发展的基础上普遍提高居民收入水平，逐步形成一个高收入人群和低收入人群占少数、中等收入人群占大多数的"两头小、中间大"的分配格局，建立以权利公平、机会公平、规则公平为主要内容的社会公平保障体系，使发展成果更多更公平地惠及全体人民，朝着共同富裕的方向稳步前进。

2. 政治体制改革：坚持与完善社会主义民主政治的必由之路

　　人民民主是社会主义的生命，人民当家作主是社会主义民主政治的本质和核心。当代中国，国家的一切权力属于人民，人民当家作主，享有管理国家和社会事务的最高权力。中国特色社会主义民主体现在制度上，靠制度来保障。人民群众通过人民代表大会制度、共产党领导的多党合作与政治协商制度、民族区域自治制度和基层民主自治制度等形式，掌握国家政权，行使民主权利。不仅如此，民主还体现在实际的政治运行过程中，人民群众依法选举人民代表，反映和表达自己的愿望和诉求；通过立法听证、行政听证等形式参与法规和政策的制定；在城乡基层群众性自治组织中，广大人民依法直接行使民主选举、民主决策、民主管理和民主监督等权利。

依法治国是党领导人民治理国家的基本方略，法治具有规范性、稳定性、连续性，不会因领导人的改变或领导人看法和注意力的改变而改变。法治要求政府、政党、公民和各种社会行为主体的一切活动必须以宪法和法律为依据，不允许有凌驾于法律之上的特权存在。党的领导是人民当家作主和依法治国的前提。

中国共产党是中国特色社会主义事业的领导核心，共产党执政，就是组织与支持人民依法管理国家和社会事务、管理经济和文化事业。党的领导是实现人民当家作主的条件和手段，党的领导的内容就是领导和支持人民当家作主，而党的领导方式要不断改革和完善，要把党的领导融入民主法制建设之中，要善于把党的主张上升为法律，主要依靠法律治理国家、管理社会，使国家各项工作在法治的轨道上运行。

> ─ (((背景提示 ────────
>
> 建设中国特色社会主义，总依据是社会主义初级阶段，总布局是五位一体，总任务是实现社会主义现代化和中华民族伟大复兴……必须更加自觉地把全面协调可持续作为深入贯彻落实科学发展观的基本要求，全面落实经济建设、政治建设、文化建设、社会建设、生态文明建设五位一体总体布局，促进现代化建设各方面相协调，促进生产关系与生产力、上层建筑与经济基础相协调，不断开拓生产发展、生活富裕、生态良好的文明发展道路。
>
> ──党的十八大报告

3. "五位一体"建设：社会主义是不断改革全面发展的社会

大力发展生产力是社会主义社会的本质要求，但中国特色社会主义并不仅仅是追求经济的快速发展，而且要物质文明和精神文明"两手抓、两手都要硬"，要把我国建设成为一个"富强、民主、文明、和谐"多方位共同发展的社会主义现代化国家。随着改革开放的深入发展，我们对中国特色社会主义事业总体布局的认识也逐渐深化，中国特色社会主义事业的总体布局，"由社会主义经济建设、政治建设、文化建设三位一体发展为社会主义经济建设、政治建设、文化建设、社会建设四位一体"。党的十八大报告进一步明确提出建设中国特色社会主义总布局是"五位一体"，要"全面推进经济建设、政治建设、文化建设、社会建设、生态文明建设"，促进现代化建设各方面协调发展，不断开拓生产发展、生活富裕、生态良好的文明发展道路。

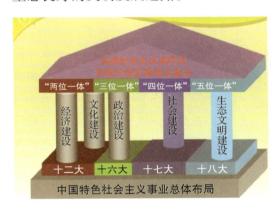

中国特色社会主义事业总体布局

中国特色社会主义"五位一体"的总布局是相互联系、相互促进的有机整体，我们要"又好又快"地推进经济建设，不断增强和谐社会建设的物质基础；要"积极稳妥"地推进政治建设，发展人民民主，不断加强和谐社会建设的政治保障；要发展面向现代化、面向世界、面向未来的，民族的科学的大众的社会主义先进文化，推动文化的"大发展大繁荣"，丰富人民的精神文化生活，为和谐社会建设提供精神支撑；要以保障和改善民生为重点，"更加注重"社会建设，促进社会公平正义，激发社会创造活力，为社会主义物质文明、政治文明、精神文明建设创造有利的社会条件；要把生态文明建设放在"突出位置"，着力推进绿色发展、循环发展、低碳发展，使生态文明建设融入经济建设、政治建设、文化建设、社会建设各方面和全过程，努力形成全体人民各尽其能、各得其所而又和谐相处的局面，努力为人民创造良好的生产生活环境。

在改革开放中形成与发展的中国特色社会主义，是科学社会主义理论逻辑和我国社会发展历史逻辑的辩证统一。它不仅有利于解放、发展生产力，调动广大人民群众和社会各方面的积极性、主动性、创造性，而且有利于保持党和国家活力，维护和促进社会公平正义，实现全体人民共同富裕，具有鲜明的时代性和实践性。我们必须坚定道路自信、理论自信、制度自信，在改革开放中不断巩固和发展中国特色社会主义。

四、改革开放只有进行时没有完成时

改革开放是前无古人的崭新事业。实行改革开放，发展社会主义市场经济，我们的老祖宗没有讲过，其他社会主义国家没有干过，只能"摸着石头过河"，不可避免会遇到一些矛盾和问题。概括起来，当前主要有两大类问题比较突出：一是改善民生问题，诸如就业、教育、住房、医疗、环保、收入分配、食品安全等。人民群众享受改革的成果与承受改革的代价不协调，可能会导致有些人"端起碗来吃肉，放下筷子骂娘"。二是腐败治理问题。近年来，我国反腐败工作的力度不断加大，但腐败出现许多新的特点，比如，腐败官员的级别越来越高，涉案数目越来越大，手段越来越隐蔽，"窝案"、"串案"越来越多，外逃资本和"裸官现象"屡见不鲜等。这些问题如果解决不好，将会动摇人民群众的理想信念，弱化人民群众对改革开放巨大成就的认同感。

全面深化改革，必须高举中国特色社会主义伟大旗帜，以马克思列宁主义、毛泽东思想、邓小平理论、"三个代表"重要思想、科学发展观为指导，坚定信心，凝聚共识，统筹谋划，协同推进，坚持社会主义市场经济改革方向，以促进社会公平正义、增进人民福祉为出发点和落脚点，进一步解放思想、解放和发展社会生产力、解放和增强社会活力，坚决破除各方面体制机制弊端，努力开拓中国特色社会主义事业更加广阔的前景。

——2013年11月12日，中国共产党第十八届中央委员会第三次全体会议通过的《中共中央关于全面深化改革若干重大问题的决定》

改革和发展中出现的许多问题，需要我们予以高度重视。习近平指出："改革开放越往纵深发展，发展中的问题和发展后的问题、一般矛盾和深层次矛盾、有待完成的任务和新提出的任务越交织叠加、错综复杂。"当前，改革已经进入攻坚期和"深水区"，遇到的矛盾只能用深化改革的办法去化解，出现的问题只能靠科学发展去解决。我们要敢于"啃硬骨头"，敢于"涉险滩"，以更大的决心和勇气冲破思想观念的束缚，突破利益固化的藩篱，攻克体制机制的痼疾，在新的历史起点上全面深化改革。

1. 把握正确的改革方向

方向问题至关重要。坚持什么样的方向，决定着改革的性质和成败。习近平同志指出："改革开放也是有方向、有立场、有原则的。"社会主义改革，要坚持正确的政治方向、目标导向，不能犯根本性、方向性错误。一旦犯了这种颠覆性错误，是不可以弥补和改正的。否定改革开放的思潮，实质是把改革开放定义为往西方

"普世价值"、西方政治制度的方向改，这是死路一条。

在改革开放的崭新实践中，以邓小平为核心的第二代中央领导集体，带领全党和全国人民逐渐探索出一条符合中国国情的建设和发展之路，这条道路的核心是"一个中心、两个基本点"，即以经济建设为中心，坚持四项基本原则、坚持改革开放。四项基本原则保证了改革开放和现代化建设的正确方向，邓小平反复强调："中国要搞现代化，绝不能搞自由化，绝不能走西方资本主义道路"；"要旗帜鲜明地坚持四项基本原则，否则就是放任资产阶级自由化"，"我们不会容忍有的人反对社会主义"。1993年9月16日，在同弟弟邓垦谈话时，邓小平仍没有忘记："我们在改革开放初期就提出'四个坚持'。没有这'四个坚持'，特别是党的领导，什么事情也搞不好，会出问题，出问题就不是小问题。"

实践证明，我国改革之所以能够取得举世公认的辉煌成就，关键是我们把党的基本路线作为党和国家的生命线，始终坚持把经济建设为中心同四项基本原则、改革开放这两个基本点统一于中国特色社会主义伟大实践。习近平指出："在方向问题上，我们头脑必须十分清醒"，"我们要坚持四项基本原则这个立国之本，既以四项基本原则保证改革开放的正确方向，又通过改革开放赋予四项基本原则新的时代内涵，排除各种干扰，坚定不移走中国特色社会主义道路。"

全面深化改革，就是要坚持社会主义市场经济改革方向。提出建立社会主义市场经济体制的改革目标，是我们党在建设中国特色社会主义进程中的一个重大理论和实践创新，解决了世界上其他社会主义国家长期没有解决的一个重大问题。坚持社会主义市场经济改革方向，核心问题是处理好政府和市场的关系，使市场在资源配置中起决定性作用和更好发挥政府作用。从过去的"基础性作用"
到现在的"决定性作用",我们对政府和市场关系的认识不断深
化,这是我们党在理论和实践上的又一重大创新。

─(((**原声再现**────────────

　　道路决定命运,找到一条正确道路是多么不容易。中国特色社会主
义不是从天上掉下来的,是党和人民历尽千辛万苦、付出各种代价取得
的根本成就。改革开放前的社会主义实践探索,是党和人民在历史新时
期把握现实、创造未来的出发阵地,没有它提供的正反两方面的历史经
验,没有它积累的思想成果、物质成果、制度成果,改革开放也难以顺
利推进。一切向前走,都不能忘记走过的路;走得再远、走到再光辉的
未来,也不能忘记走过的过去。

　　　　──2013年12月26日,习近平总书记在纪念毛泽东同志诞辰120周
年座谈会上的讲话

　　政府和市场的关系,绝大多数发展中国家长期都没有处理好。
"二战"后,发展中国家大多强调政府在资源动员和配置上的作用
而忽视了市场,通过政府干预来克服市场失灵,实行重工业优先发
展。结果虽然建立了一些先进的产业,但是资源错配和寻租腐败
盛行,经济发展的绩效很差,同发达国家的差距越来越大。上世纪
七八十年代,绝大多数发展中国家以新自由主义为指导,紧紧追随
所谓的"华盛顿共识",强调市场而忽视了政府的作用,推行私有
化、自由化、市场化。结果导致这些国家经济普遍停滞、徘徊,甚
至危机不断,发展的绩效比变革前还要差。

　　在现代市场经济体制中,政府是经济管理和调控的主体,市场
是配置各类经济资源的主体。我国经济实现了比较快速、健康的发
展,取得了成功,但政府和市场的关系尚未完全理顺。政府干预过

多和监管不到位等问题不同程度存在。要使市场在资源配置中起决定性作用，需要进一步消除对市场的干预、扭曲，建立统一开放、竞争有序的市场体系，激发市场活力；同时更好发挥政府作用，保护产权，维持宏观稳定，因势利导地推动技术、产业、制度等变迁。总之，一句话，就是让"看不见的手"充分施展，让"看得见的手"真正有效。

2. 坚持正确的改革方法

1978年以来，中国改革不断拓展，呈现出一系列新的阶段性特征。改革前期大多数人都能从改革中受益，这是一种"帕累托改进"，即人们在追求经济效率的过程中，不损害任何人而能使其中一些人甚至大多数人变得更好。现在，改革行至"深水区"：经济与社会矛盾交织，两难问题相生相伴，利益关系错综复杂，改革阻力增大、任务繁重。如果说，之前存在的问题更多地可以通过"增量"改革来完成，那么，下一步改革更多的是"存量"改革，是全面深化改革，需要在协同配合中整体性推进完成。

习近平指出："改革开放是前无古人的崭新事业，必须坚持正确的方法论，在不断实践探索中推进。"全面深化改革，不仅要有壮士断腕的魄力和决心，更应要有运筹帷幄、化繁为简的策略与方法。

第一，宏观层次改革，注重改革的系统性、整体性、协同性。

改革开放是一场深刻而全面的社会变革，是一项系统工程，既涉及重大利益关系的调整，又涉及各方面体制机制的完善。过去，"单兵突进"式的改革，往往是"按下葫芦浮起瓢"，旧的问题没有解决，新的问题又会暴露。当前，必须坚持从全局出发看问题，

把握改革的整体性，加强改革的顶层设计。从全局出发看改革，就是看提出的重大改革举措是否符合全局需要，是否有利于党和国家事业长远发展。顶层设计，就是对经济体制、政治体制、文化体制、社会体制、生态文明体制作出统筹设计，加强对各项改革关联性的研判，提出改革的总体目标、优先顺序、主攻重点等，以经济体制改革为主轴，努力在重要领域和关键环节改革上取得新突破，以此牵引和带动其他领域改革。使各项改革举措在政策取向上相互配合、在实施过程中相互促进，形成与中国特色社会主义"五位一体"总体布局相适应的更加成熟、更加定型的制度体系，推进社会主义现代化，促进社会从传统向现代的转型。

---(((原声再现———

　　要坚持有效的改革路径。改革进入攻坚期和深水区，凝聚改革共识难度加大，但不改不行，改慢了不行，过于激进也不行。要尊重人民首创精神，尊重实践、尊重创造，坚持全局和局部相配套、治本和治标相结合、渐进和突破相促进，鼓励大胆探索、勇于开拓，允许摸着石头过河，要多做少说，务求实效。

　　　　——2012年12月15日，习近平总书记在中央经济工作会议上的讲话

　　第二，中观层次改革，注重改革的制度化、规范化、程序化。

　　制度问题更带有根本性、全局性、稳定性和长期性。全面深化改革，一方面是要适应时代变化，改革不适应实践发展要求的体制

机制，破除妨碍科学发展的体制机制的顽瘴痼疾；另一方面，应把现代化建设过程中形成的一些行之有效的主张和做法规范化，不断构建新的体制机制、法律法规，使各方面制度更加科学、更加完善。

法治是治国理政的基本方式和目标，要更加注重发挥法治在国家治理和社会管理中的重要作用。古人云："国无长强无常弱，奉法者强则国强，奉法者弱则国弱。"对法治的尊崇、遵守，是国家治理现代化的应有之义。全面深化改革的过程，实际上就是建设法治中国的过程，要提高领导机关和领导干部运用法治思维和法治方式的能力，牢固树立合法性思维、权利义务思维、公平正义思维、责任后果思维、依法治权思维等法治思维，以"法治凝聚改革共识"，坚持依法治国、依法执政、依法行政共同推进，坚持法治国家、法治政府、法治社会一体建设，最终形成"办事依法、遇事找法，解决问题用法、化解矛盾靠法"的良好思维习惯和法治环境，形成想问题、作判断、出措施以法为据、以法为尺的行为方式，提高党科学执政、民主执政、依法执政水平，在法治轨道上推动各项工作。

第三，微观层次改革，注重改革的针对性、可操作性。

人们在日常学习、工作和生活中常常听到、想到和说到"底线"这个词。底线是指不可逾越的红线、警戒线、限制范围、约束框架。底线一旦被突破，就会出现行为主体无法接受的坏结果，甚至导致彻底失败。古人云："凡事预则立，不预则废。"这其中就蕴涵着底线思维。习近平同志最近指出，要善于运用"底线思维"的方法，凡事从坏处准备，努力争取最好的结果，这样才能有备无患、遇事不慌，牢牢把握主动权。

事实是真理的依据，实干是成就事业的必由之路。这也是"空谈误国，实干兴邦"的真谛。我国革命、建设、改革的历史反复证明，只有制定符合实际的政策措施，采取符合实际的工作方法，党和人民事业才能走上正确轨道，才能取得人民满意的成效。

——2014年8月20日，习近平总书记在纪念邓小平同志诞辰110周年座谈会上的讲话

现实存在的困难、问题和矛盾，既有以前发展过程中积累下来还没有完全解决的，又有以前没有出现而在新的发展过程中出现的；既有一些原有体制因素影响所带来的，又有一些在体制改革中所形成的，还有一些是在完善新体制中已经产生并还会产生的。问题千头万绪，纷繁复杂。改革既要积极进取，又不能急于求成；既要有现实针对性，又要有可操作性。改革是一场攻坚战，有可能成功，也有可能失败，"不怕一万，就怕万一"。我们允许改革失误，也会宽容失败者，我们鼓励大胆地闯、大胆地试，但是，推出改革方案、策略、措施不是"比谁的胆子大、谁的劲头足"，必须时刻秉持底线思维，"既防一万，又防万一"。想在事先、防在事前，才能做好风险管控，为更大规模、更广领域、更深层次的改革积累经验、创造条件。

中国已经进入改革的深水区，需要解决的都是难啃的硬骨头，这个时候需要"明知山有虎，偏向虎山行"的勇气，不断把改革推向前进。我们推进改革的原则是胆子要大、步子要稳。"图难于其易，为大于其细。天下难事，必作于易；天下大事，必作于细。"

——2014年4月1日，习近平在布鲁日欧洲学院发表的重要演讲

3. 站稳正确的改革立场

"民惟邦本，本固邦宁"。中国共产党以解决民生问题为己任，以全心全意为人民服务作为根本宗旨。人民是历史的主人，也是改革的主人，历史是人民群众创造的。紧紧依靠人民推动改革，

★ 资料链接

2013年，各级财政继续加大对民生领域的投资。其中，中央财政用于社会保障和就业、医疗卫生、教育、住房保障、文化体育等几个方面的支出达到15 896亿元，占中央财政支出的23.2%，占比同比提高0.3个百分点。财政民生支出特别注重保障群众基本生活，兜住底线。如将城乡低保标准分别提高13.1%和17.7%，将企业退休人员基本养老金水平提高10%，将城乡居民基本医保财政补助标准增加到人均280元；新开工保障性安居工程666万套，基本建成544万套；支持1394万名农民工随迁子女在城市接受义务教育，农村义务教育阶段学生营养改善计划惠及3200万名贫困地区学生。在社会保障方面，加快推进基本养老保险和医疗保险制度的城乡统筹，完善社会救助和保障标准与物价上涨挂钩的联动机制，在28个省（区、市）启动实施城乡居民大病保险试点，参保和受益人数继续增长。

2013年，城镇新增就业1310万人，创历史新高；农村贫困人口减少1650万人，城乡居民收入差距继续缩小；年末参加城镇基本养老和新型农村社会养老保险人数分别达到3.46亿人和4.74亿人，增加2083万人和1082万人；城乡居民对民生状况的满意度有大幅提高。据国务院发展研究中心"中国民生指数研究"课题组2013年对全国31个省（区、市）51 067人进行的民生满意度调查，对当前生活"很满意"或"非常满意"的居民占比从2012年的45.0%上升到2013年的50.4%，首次超过了居民半数；而选择"比较不满"或"非常不满"的比例则由2012年的12.3%下降到10.1%。这充分表明，中国改革开放的根本目的是实现人民的福祉。

是我们党领导改革开放的一条成功经验，也是今后全面深化改革的根本立场和工作方法。我们的一切工作，都要看"人民高兴不高兴，人民答应不答应，人民赞成不赞成，人民拥护不拥护"。

第一，坚持人民主体地位。党和政府的施政所向，就是让全体人民过上好日子，始终把改善民生作为工作的出发点和落脚点。谋划改革思路，制定改革举措，必须站在人民立场上，必须从人民利益出发，使深化改革的过程成为人民群众广泛参与、普遍受益的过程。

第二，尊重群众首创精神。改革开放是亿万人民的事业，人民群众的创造和实践是改革智慧和社会活力的不竭源泉。没有人民支持和参与，任何改革都不可能取得成功。无论遇到任何困难和挑战，只要有人民支持和参与，就没有克服不了的困难，就没有越不过的坎。在全面深化改革的实践中，始终做到正确对待群众、始终相信群众、坚决依靠群众，让群众的创造愿望得到尊重、创造能力得到发挥、创造成果得到肯定，把最广大人民群众的智慧和力量凝聚到改革上来，团结带领广大人民群众齐心协力推进改革。

没有比人更高的山，没有比脚更长的路（宣传画）

第三，改革成果为人民共享。让改革发展的成果为广大人民群众所共享，是我们改革发展的目标指向，也是指导我们改革发展的一项基本原则。中国每一次改革再出发，之所以能够最大程度凝聚社会共识，激发人民群众参与改革的热情与积极性，皆因为以民生福利为改革出发点，以全体民众更多、更公平地共享发展成果为改革目标与愿景。因此，必须深化对改革发展成果共享理念的理解和认识，在增进广大人民根本利益即社会公共利益的前提下，维护个体利益，促进个体全面发展，让人民有尊严地共享改革发展成果。

改革开放只有进行时没有完成时。全面深化改革不可能一帆风顺，也不可能一蹴而就。"沉舟侧畔，千帆竞发"。中国现代化的百年奋斗，已站到至关重要的新起点。改革道路纵然迂回曲折，中华民族伟大复兴的前景依然灿烂辉煌，我们的希望和梦想定会变成现实。

拓展阅读

习近平：《关于〈中共中央关于全面深化改革若干重大问题的决定〉的说明》，《人民日报》2013年11月16日第1版。

习近平：《切实把思想统一到党的十八届三中全会精神上来》，《求是》杂志2014年第1期。

习近平：《在纪念邓小平同志诞辰110周年座谈会上的讲话》，《人民日报》2014年8月21日第2版。

中共中央文献研究室：《习近平关于全面深化改革论述摘编》，中央文献出版社2014年版。

（执笔人：布成良）

◎ 后 记

　　本书在编写过程中，得到中央和江苏省有关部门负责同志与省内外专家学者的大力支持。侯惠勤、周毅之、刘林元、姚润皋等同志提出了宝贵意见。本书还参考了有关专家的前期研究成果，借鉴了其中若干重要观点和论断。江苏省哲学社会科学规划办公室与江苏人民出版社承担了本书的具体组织协调与编辑出版工作。

编　者

2014年11月